AF453985

TRAITÉ PRATIQUE

DE

PHOTOGRAPHIE

APPLIQUÉE AU DESSIN INDUSTRIEL

Du même Auteur :

COURS DE DESSIN INDUSTRIEL

(36 Planches)

*Approuvé par le Conseil Départemental de l'Aisne
et ayant obtenu en 1884
Deux premières Médailles d'Argent
aux Expositions de Rouen et d'Epernay*

LE TRAITÉ PRATIQUE DE PHOTOGRAPHIE

COMPLÉMENT

DU COURS DE DESSIN INDUSTRIEL

*a été professé au Cours public d'Adultes
de la commune de Folembray (Aisne)*

TRAITÉ PRATIQUE

DE

PHOTOGRAPHIE

APPLIQUÉE AU DESSIN INDUSTRIEL

AVEC FIGURES ET CROQUIS INTERCALÉS DANS LE TEXTE

A L'USAGE DES ÉCOLES

DES AMATEURS, INGÉNIEURS, ARCHITECTES & CONSTRUCTEURS

Par AMÉDÉE MASSELIN

Ingénieur

PHOTOGRAPHIE OPTIQUE — PHOTOGRAPHIE CHIMIQUE
PROCÉDÉ AU COLLODION HUMIDE
POSE ET ÉCLAIRAGE POUR LE PORTRAIT
GÉLATINO-BROMURE — PLATINOTYPIE
PHOTOGRAPHIE INSTANTANÉE — PHOTO-MINIATURE
REPRODUCTION DES DESSINS SUR PAPIER
AU FERRO-PRUSSIATE
NOUVEAUTÉS PHOTOGRAPHIQUES

DEUXIÈME MILLE

CHAUNY
BUGNICOURT, IMPRIMEUR-EDITEUR

1887

Hommage affectueux

a M. Maurice DOLLÉ

Photographe à Laon

---

*La Photographie est au Dessin,
ce que la Sténographie est à l'Écriture.*

L'Auteur.

MAISONS RECOMMANDÉES PAR LE TRAITÉ PRATIQUE DE PHOTOGRAPHIE

à l'usage des Écoles, des Amateurs, Ingénieurs, Architectes et Constructeurs.

Fournitures générales pour Photographie	Comptoir spécial de Fournitures pour Photographie,	14, rue de l'Echiquier,	Paris.
	AUDOIN,	5, cité Bergère,	Paris.
	MARION Fils et GÉRY,	14, cité Bergère,	Paris.
	MARTIN,	77, faubourg Saint-Denis,	Paris.
Produits Chimiques	POULENC et Frères,	92, rue Vieille-du-Temple,	Paris.
Objectifs	DARLOT,	125, boulevard Voltaire,	Paris.
	DÉROGY,	33, quai de l'Horloge,	Paris.
	HERMAGIS,	18, rue Rambuteau,	Paris.
	LAVERNE et Cie,	10, rue de Malte,	Paris.
Ebénisterie pour Photographie	MARTIN,	77, faubourg Saint-Denis,	Paris.
Papier sensibilisé	CARSAULT,	11, rue de l'Hôpital-Saint-Louis,	Paris.
Spécialité de Glaces pour Procédé au Gélatino-Bromure	FRANÇAIS,	3, rue du Châtelet,	Paris.
	HUTINET,	18, avenue Parmentier,	Paris.
	GRIESHABER,	7, rue du Trésor,	Paris.
	CARETTE,	10, rue du Château-d'Eau,	Paris.
Couleurs à l'Albumine pour Photo-Miniature	Mademoiselle Berthe THUILLIER,	59, rue Myrha,	Paris.
Appareils d'occasion	REYGONDAUD,	3, boulevard Saint-André,	Paris.
Vernis photographique	SŒHNÉ,	19, rue des Filles-du-Calvaire,	Paris.

PRÉFACE

L'art de la photographie, s'est d'autant plus répandu de nos jours, que l'exécution en paraît facile en apparence, mais après étude des Traités les plus simples et les plus complets, on se trouve en présence de difficultés et d'insuccès dont, bien souvent on ignore les causes, et qui conduisent inévitablement au découragement, après essais stériles et dispendieux.

La cause première des difficultés que rencontre généralement le débutant provient, à notre avis, de ce que les Traités écrits jusqu'à ce jour, entrent toujours dans des détails scientifiques, relatifs à la partie chimique et à la partie optique, au lieu de se borner à l'analyse détaillée de la leçon pratique qu'un photographe pourrait donner à un amateur, pour lui faire obtenir un cliché négatif, puis une épreuve positive.

Il ne s'agit pas de voir faire, il faut essayer par soi-même, avec l'aide d'un guide qui vous dira: faites ainsi ! Et si vous ne réussissez pas, vous dira encore: voilà où vous avez péché.

Parmi les nombreux Traités parus, il en est de particulièrement remarquables ; certains auteurs, comme MM. Cordier, Davanne, Docteur Van Monckoven, Perrot de Chaumeux et Léon Vidal, font aujourd'hui autorité en matière photographique ; mais, leurs Traités, que nous voudrions voir dans la bibliothèque de chaque amateur, porteront d'autant mieux leurs fruits, qu'ils seront étudiés après essais élémentaires, permettant de bien comprendre les différentes manipulations qui y sont détaillées.

Notre Traité, écrit spécialement au point de vue pratique, doit être ce qu'est un guide de voyage pour un touriste : c'est-à-dire qu'il est la première chose à avoir en photographie, car chaque chapitre suit, dans tous ses détails et progressivement, la pensée de l'amateur, désireux de s'adonner à l'art photographique à l'état d'instruction ou de distraction.

La première question qui se pose en photographie est celle-ci :

1° Quel appareil photographique dois-je acheter, et où faut-il l'acheter ?

Les autres questions à résoudre sont :

2° Comment faut-il orienter mon laboratoire, et comment faut-il l'agencer ?

3° Quels sont les ustensiles qui me sont nécessaires pour faire un cliché négatif, et ensuite pour obtenir une épreuve positive ? Où peut-on se les procurer ?

4° Quels sont les produits dont j'ai besoin, et où faut-il les acheter ?

5° Comment faut-il m'organiser pour faire poser pour le portrait, sans faire les frais d'un atelier. — Comment faut-il poser pour le paysage ou pour une reproduction de gravures ?

6° Quelles sont les opérations à faire pour obtenir un cliché négatif ?

7° Quelles sont les formules pour préparer les produits chimiques nécessaires à ces opérations, et comment opère-t-on ?

8° Avoir un formulaire par demandes et par réponses des causes d'insuccès dans les différentes opérations du négatif ?

9° Quand le cliché négatif est fait, comment en retoucher les imperfections ?

10° Quelles sont les opérations à faire pour obtenir une épreuve positive ?

11° Quelles sont les formules pour préparer les produits chimiques nécessaires à ces opérations, et comment opère-t-on ?

12° Avoir un formulaire par demandes et par réponses des principales causes d'insuccès dans les différentes opérations du positif?

13° Quand l'épreuve positive est faite, comment la monte-t-on sur carte ?

14° Pour tirer les vues en campagne, quels sont les procédés qui réussissent le mieux. — Quels sont les produits qu'ils nécessitent ? — Leur préparation? — Et comment opère-t-on ?

Autant de questions qui résument tout ce que l'amateur a besoin de connaître, et qui correspondront aux différents chapitres du Traité que nous lui soumettons, avec l'espoir qu'il trouvera en lui un guide pour ses premiers essais, et un encouragement à poursuivre l'étude de l'art photographique.

Ce Traité pratique de photographie ne s'adresse pas seulement aux écoles et aux amateurs ; il se recommande aussi aux ingénieurs, architectes et constructeurs qui ont besoin, à tous instants, d'avoir sous les yeux, une image fidèle de l'état de leurs travaux.

Notre but ayant été d'être précis dans la description des différentes opérations et manipulations se rapportant à l'art photographique, et toutes nos formules ayant été expérimentées, nous avons la certitude d'avoir créé un guide sérieux, à la portée de tous ceux qui s'occupent de photographie, tant au point de vue de l'étude et de la distraction, que des besoins industriels.

AMÉDÉE MASSELIN.

LIVRE PREMIER

PREMIÈRE PARTIE

—

APPAREIL PHOTOGRAPHIQUE

—

**Quel Appareil photographique dois-je acheter
et où faut-il l'acheter ?**

L'appareil photographique se compose :

1° D'une chambre noire avec châssis à verre
dépoli.

2° D'un objectif.

3° D'un pied pour supporter la chambre
noire et l'objectif.

4° De deux châssis pour négatifs.

Les dimensions photographiques françaises sont :

Quart de plaque.......	9 ^{cm} sur 12
Demi-plaque...........	13 » 18
Plaque normale	18 » 24
Plaque extra	21 » 27

Le type à adopter pour un amateur est la
demi-plaque (soit 13 sur 18), car en faisant
mettre dans les châssis pour négatifs un

petit cadre intermédiaire, on pourra opérer aussi, pour le portrait, sur des quarts de plaque (soit 9 cent. sur 12).

L'objectif sera choisi double, à portraits, avec diaphragmes pouvant se placer entre les deux lentilles ; c'est ce qu'on appelle couramment objectif à vannes ; il peut facilement se transformer en objectif simple pour vues.

Dans l'objectif double, servant pour le portrait, les lentilles sont disposées de manière que leur partie convexe se trouve du côté du modèle.

L'objectif double, quoique très-bon, peut, avec une dépense un peu plus grande, être avantageusement remplacé par l'aplanétique rectilinéaire rapide, qui permet d'obtenir aussi bien le portrait que les groupes-paysages et reproductions.

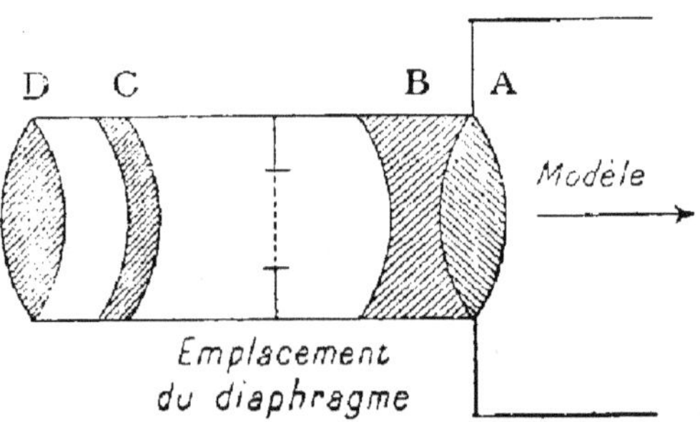

Pour obtenir l'objectif simple servant aux vues, supprimez les deux lentilles C et D,

retournez les deux lentilles réunies A et B
et diaphragmez en avant, comme suit :

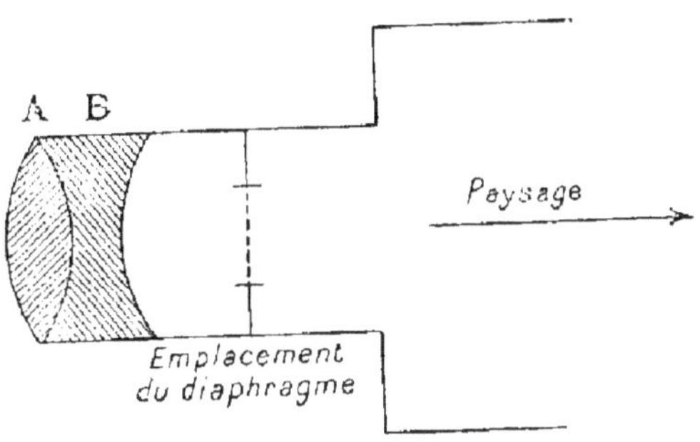

Les lentilles auront, dans ce cas, les
parties concaves tournées vers le paysage.

Pour le portrait, 1/4 de plaque, on peut, à
la rigueur, se passer de diaphragme ; mais,
il est nécessaire d'en mettre pour les vues et
les reproductions : les petits diaphragmes
donnent plus de netteté ; les grands, plus de
relief et de rapidité. En général, prenez pour
une vue faite à 100 mètres, un diaphragme
de un centimètre de diamètre.

La chambre noire devra être prise à soufflet, avec le verre dépoli du châssis bien fin ;
car la mise au point se ressent toujours de
la réflexion de l'image sur le verre dépoli, et
il est bon, pour remédier à cet inconvénient,
d'avoir une loupe de mise au point que l'on
promène sur le verre dépoli, pour s'assurer
que toutes les parties de l'image sont bien
nettes.

Le pied sera brisé en 3, à coulisse; c'est celui qui convient le mieux pour faire le portrait et le paysage.

Pour les châssis négatifs, nous conseillons les châssis à rideaux, permettant de faire deux épreuves 1/4 de plaque ou une 1/2 plaque en hauteur ou longueur.

Ces châssis sont un peu plus dispendieux, mais ils ont l'avantage, au moyen du rideau, d'empêcher la lumière de pénétrer sur les glaces qu'ils renferment, ce qui est très-important, surtout avec les glaces au gélatinobromure.

Un autre conseil qui a sa valeur; c'est, lorsque vous achetez votre chambre noire, de faire construire en avant une boîte, pouvant se démonter à volonté, et dont la longueur est environ le double de la partie de l'objectif qui dépasse la chambre noire; cette petite boîte est destinée à éviter les rayons solaires sur l'objectif.

En avant de l'objectif, se trouve un petit cadre de 2 ou 3 centimètres de largeur, incliné à 75°, sur lequel vient se rabattre l'obturateur, qui se compose d'une planchette en noyer, recouverte de velours noir, et qui se manœuvre au moyen d'un bouton en A.

Cet obturateur permet d'ouvrir et de fermer l'appareil avec la plus grande rapidité; s'ouvrant par le bas, il facilite l'éclat de la figure

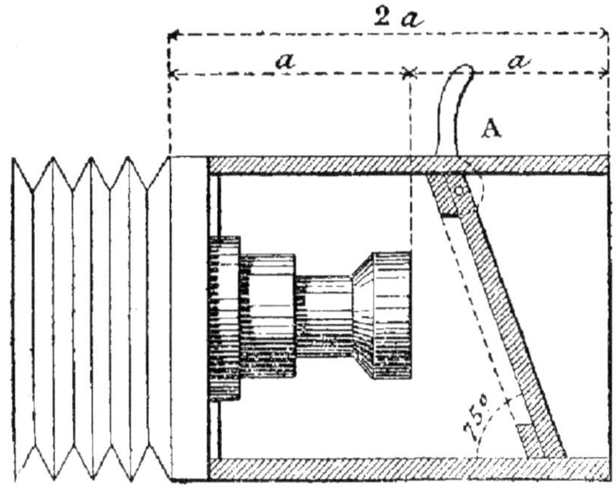

dans les portraits, et permet, en ouvrant, petit à petit, d'indiquer les nuages dans une vue.

La boîte en bois doit être peinte en noir à l'intérieur, afin de ne refléter aucun rayon solaire.

On peut aussi se procurer chez les marchands d'appareils photographiques, l'obturateur pneumatique Cadett, et les nouveaux obturateurs instantanés Guerry, Lande et Guilbert, dont les prix varient de 15 à 50 fr.

Les prix des différentes parties comprenant l'appareil photographique pour demi plaque, sont à peu près les suivants :

Chambre noire à soufflet, avec châssis
à verre dépoli .... 50 fr.
Objectif double, monture à crémail-
lère, et diaphragmes à vannes..... 75 »
Pied brisé en trois coulisses........ 15 »
Deux châssis pour négatifs, à ri-
deaux, et deux pour 2 poses....... 30 »
Boîte avec obturateur instantané.... 15 »

Total.......... 180 fr.

Toutes les parties de l'appareil se trouvent chez les marchands de produits photographiques, telles sont les maisons recommandables :

Du comptoir spécial de fournitures
pour photographie, 14, rue de
l'Echiquier...........................
Audoin, 5, Cité Bergère........... } Paris
Marion fils, et Géry, 14, Cité Bergère ....

Jacques Garcin, 50, rue Childebert, à Lyon.

Mais ces maisons n'étant que dépositaires des appareils photographiques, nous recommandons aussi les fabricants :

Pour objectifs

M. Darlot, 125, boulevard Voltaire.
M. Dérogy, 33, quai de l'Horloge ..
M. Hermagis, 18, rue de Rambuteau..........................
MM. A. Laverne et Cie, 10, rue de Malte........................

} Paris

Pour les Chambres noires, Châssis et Pieds

M. Martin, 77, faubourg Saint-Denis, Paris.

Cette maison se charge, en outre, de toute l'ébénisterie pour photographie, suivant plans.

NOTA. — Il est bon, pour empêcher l'humidité, que le bois de la chambre noire de l'objectif, ainsi que celui des châssis, soit bien verni ; pour cela faire un vernis avec :

    Alcool............ 100 grammes
    Gomme laque.... à saturation (*)

Passer sur les bois 7 ou 8 fois une couche de ce vernis, jusqu'à ce que le brillant soit beau ; cette opération doit être faite dans un endroit chaud.

(*) On reconnaît qu'un liquide est à l'état de saturation, quand il ne peut dissoudre entièrement la quantité de substance qu'il renferme.

LABORATOIRE

Comment faut-il orienter mon laboratoire
et comment faut-il l'agencer ?

Le laboratoire, qui ne doit recevoir aucune lumière solaire, quand la porte en est fermée, sera éclairé, au nord, par deux verres colorés en jaune foncé, de même dimension, et posés l'un sur l'autre ; ces verres devront être assez grands pour que dans les temps pluvieux toutes les parties du laboratoire soient éclairées.

Les dimensions du laboratoire, seront environ de 6 mètres carrés de surface (soit 2^m sur 3^m), la toiture sera en bois ; le plafond et les parois intérieures seront peints en noir et à l'huile ; le sol sera couvert de toile cirée, pour éviter la poussière.

La ventilation permanente qui est d'urgence, sera faite au moyen de 2 cylindres en fer blanc, à chapeaux, peints en blanc en dedans, et en noir à l'extérieur, établis l'un au plancher, et l'autre au plafond.

Une partie coudée terminera ces tuyaux pour empêcher la lumière solaire de pénétrer dans le laboratoire.

Si par la position du laboratoire, l'éclairage ne pouvait être donné que du midi, placez un chàssis couvert d'une étoffe jaune devant les verres colorés, et pouvant se mouvoir à volonté ; on règlera par ce moyen la lumière dont on a besoin, et on pourra empêcher les rayons du soleil de venir frapper dans le laboratoire.

L'agencement du laboratoire dépend un peu du goût de l'opérateur ; voici pourtant un petit plan que l'on pourra suivre :

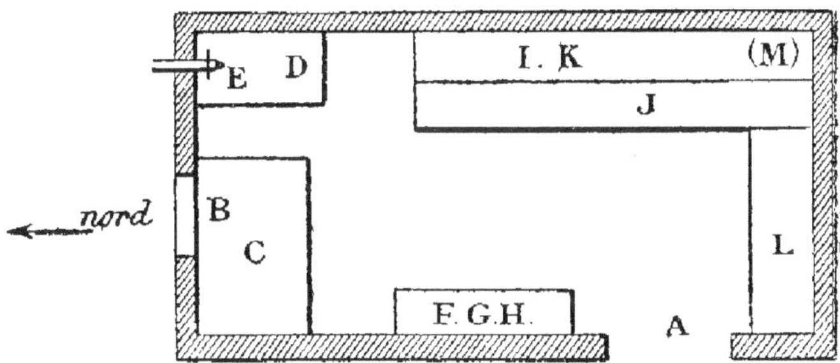

A, est la porte d'entrée du laboratoire.

B, la croisée placée au nord, et garnie de 2 verres jaunes superposés.

C, table placée sous la croisée, pour collodionner la glace, faire le développement et le renforcement.

D, bac pour verser les liquides inutiles, et placé au-dessous d'un robinet E, amenant l'eau de gouttière (on pourra laver les clichés avec ce robinet, ou y ajouter un tube en caoutchouc, terminé par une pissette à ressort, qui permettra de faire le lavage devant, la croisée, en ayant soin de placer sur la table C, une cuvette pour recueillir l'eau).

FGH, 3 tablettes superposées, pour mettre les produits, les glaces et les flacons, pour virage (le virage se fera sur la table C).

I, J, K, 3 tablettes superposées, I et K, de même largeur ; celle J, au milieu et à portée de la main, plus large ; sur la tablette I, supérieure, seront placés dans l'ordre suivant, en partant de la croisée : 1° Le bain de développement ; 2° Le bain de renforcement.

Puis plus loin, dans le coin M, les flacons d'hyposulfite de soude, si on ne peut les mettre à l'extérieur du laboratoire ; les fixages négatifs et positifs se feront sur la tablette L, en laissant la porte ouverte.

Sur la tablette J, se trouveront les châssis, les cuvettes et particulièrement celles pour le bain d'argent. On fera l'opération de la mise au bain d'argent sur cette tablette.

Sur la tablette K, inférieure, se trouveront les flacons renfermant les bains d'argent, qui doivent être le plus possible dans l'obscurité, et pour cette raison entourés d'un papier noir ficelé.

Tous les flacons doivent être bouchés à l'émeri, étiquetés par nom du bain qu'ils renferment, et par désignation des produits avec leur quantité.

USTENSILES A AVOIR

POUR PHOTOGRAPHIE AU COLLODION HUMIDE

Quels sont les ustensiles qui me sont nécessaires
pour faire un cliché négatif
et ensuite pour obtenir une épreuve positive
Où peut-on se les procurer ?

Pour le Négatif

Un blaireau et une peau de daim pour le nettoyage des glaces.

Deux boîtes à rainures renfermant les glaces (pour 1/4 de plaque et 1/2 plaque.)

Une cuvette verticale en verre pour le bain d'argent, ou une cuvette à recouvrement, fond en verre moulé, monture acajou.

Un appareil photographique composé : d'une chambre noire, d'un objectif, d'un pied, de deux châssis pour négatifs, et d'une étoffe noire pour couvrir l'opérateur, quand il regarde sur le verre dépoli.

Un crochet à bec d'argent, pour soulever les glaces dans le bain d'argent.

Un petit verre pour le bain de développement.

Un petit verre pour le bain de renforcement.

Une cuvette horizontale, en porcelaine ou verre moulé, pour le bain de fixage négatif.

Un crochet en verre pour soulever la glace, dans le bain de fixage.

Un bac pour mettre tous les résidus.

Un flacon de 20 centilit., pour mettre le collodion qui se trouve en excès sur les glaces.

Deux flacons de 60 centilitres, bouchés à l'émeri, pour 2 bains d'argent (si l'un des bains devient mauvais, on en a ainsi un de rechange).

Un flacon de 1 litre, bouché à l'émeri, pour le bain de développement.

Un flacon de 20 centilitres, bouché à l'émeri, pour la partie du bain de développement mélangée d'acétate de cuivre.

Un flacon de 20 centilitres, bouché à l'émeri, pour la solution à mettre dans le bain d'argent.

Un flacon de 1 litre, bouché à l'émeri, pour le bain de renforcement.

Un flacon de 20 centilitres, bouché à l'émeri, pour le sel d'argent à ajouter au bain de renforcement.

Un flacon de 2 litres, bouché à l'émeri, pour le bain de fixage négatif.

Un entonnoir, avec flacon de 1 litre, pour le filtrage des bains d'argent.

Un flacon de 1 litre pour le filtrage des bains de développement.

Un flacon pour le filtrage du bain de renforcement.

Deux flacons pour le filtrage des bains de fixage négatif et positif.

Un certain nombre de morceaux de verre pour recouvrir les cuvettes.

Deux ou trois flacons de différentes grandeurs à avoir en plus pour besoins imprévus.

Un litre gradué en 1/2 centilitres.

Une éprouvette graduée en grammes.

Une éprouvette graduée en centimètres cubes.

Une balance.

Des filtres ronds en papier.

Un filtre en feutre, pour filtrer l'eau.

Papier buvard pour mettre dans les châssis négatifs, derrière les glaces collodionnées.

Papier de soie, pour tenir la glace sortant du bain d'argent.

Pour le Positif

Deux châssis, dits pour positifs.

Quatre bassins à eau en porcelaine ou en verre moulé, pour laver les épreuves.

Une cuvette, porcelaine ou verre moulé, pour le bain d'argent, si on sensibilise soi-même le papier.

Une cuvette, porcelaine ou verre moulé, pour le bain de virage.

Une cuvette, porcelaine ou verre moulé, pour le bain de fixage positif.

Deux pinces en buis pour ne pas toucher les épreuves avec les doigts.

Deux flacons de 1 litre, bouchés à l'émeri, pour le bain de virage (1 pour le chlorure d'or, et 1 pour l'acétate de soude).

Un flacon de 2 litres, bouché à l'émeri, pour le bain de fixage positif.

Un flacon de 20 centilitres, bouché à l'émeri, pour la solution d'or.

Des caches.

Deux dégradateurs Persus (1 pour 1 4 de plaque, et l'autre pour 1/2 plaque.)

Deux pinceaux.

Quatre godets.

Nota. — Les cuvettes en gutta-percha doivent être absolument rejetées, et même, de préférence à la porcelaine, nous conseillons les cuvettes en verre moulé qui ne s'altèrent jamais.

Procédé pour faire économiquement des cuvettes à fond de verre

Faites faire un cadre en bois blanc, (ajusté à queues d'aronde), de 30 centimètres de longueur, sur 25 centimètres de largeur, permettant de contenir facilement une 1/2 plaque;

donnez à ce cadre 5 cent. 1/2 de hauteur et une épaisseur de 2 centimètres.

Sur les quatre côtés du cadre, faites un évidement intérieur de 1 cent. carré ; ajustez dans cet évidement un verre à vitre a de 2 $^{m/m}$ d'épaisseur environ, maintenu en dessous par un petit cadre de recouvrement bb ; puis,

Coupe suivant A B

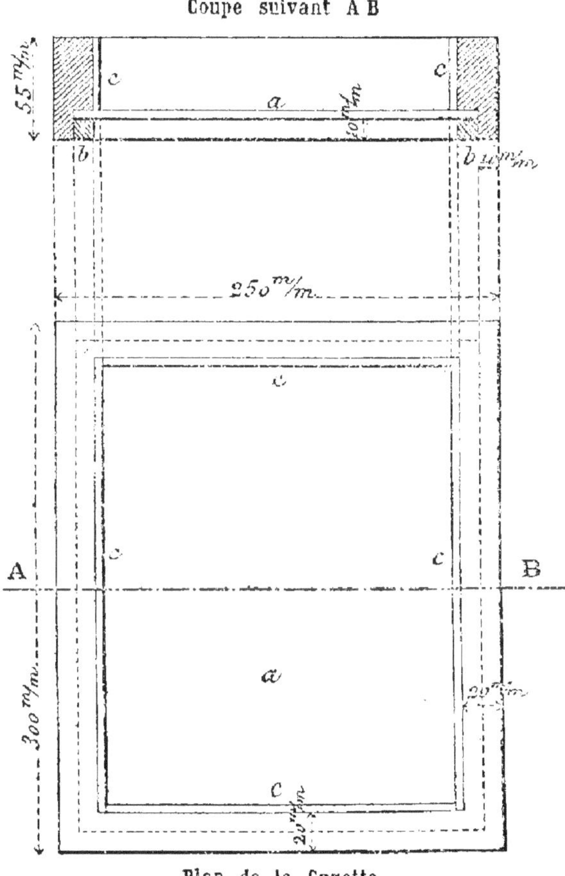

Plan de la Cuvette

sur chaque côté de la cuvette ainsi formée, placez 4 lamelles de verre *cccc*, vous aurez ainsi constitué, facilement et à peu de frais, une cuvette dont le fond et les 4 côtés seront en verre.

Pour coller le fond de verre et les 4 lamelles formant côtés, avec le bois de la cuvette, on emploie la *Glue marine,* que l'on additionne de goudron rectifié.

Pour rendre cette colle plus liquide, on la chauffe au bain-marie, et lorsqu'on l'emploie, il faut que les parties qui doivent être en contact (bois et verre) soient aussi fortement chauffées.

Quand le collage a bien pris, on passe un petit ferrement chaud dans les rainures de contact des verres, afin de rendre la cuvette bien étanche; puis on vernit le bois de la cuvette avec le vernis pour bois photographiques, dont l'application a été décrite précédemment.

PRODUITS CHIMIQUES

SERVANT POUR LA PHOTOGRAPHIE

Produits à avoir pour la Photographie au Collodion humide

Quels sont les produits dont j'ai besoin et où faut-il les acheter ?

Pour négatifs	*Ces produits servent à*	Quantité à avoir	Prix approximat.
Collodion tout préparé.............	Collodionner les glaces..................	2 flac. de 200 g.	3ᶠ le flacon
Acide nitrique	Nettoyer les glaces.....................	1 litre	2ᶠ 50 le litre
Tripoli...........................	Id. Id.	500 gr.	4ᶠ le kil.
Teinture d'iode...................	Faire le bain d'argent..................	5 gr.	3ᶠ les 100 gr.
Iode..............................	Nettoyer les glaces.....................	50 gr.	50ᶜ le kilog.
Iodure de potassium	Nettoyer les glaces — à faire le bain d'arg.	100 gr.	40ᶜ —
Nitrate d'argent cristallisé........	Faire le bain d'argent et de renforcement (négatif).... Id. sensibilisateur du papier (positif).	500 gr.	145ᶠ —
Iodure de cadmium................	Faire le bain d'argent..................	10 gr.	60ᶠ —
Alcool à 40°......................	Nettoyer les glaces — à faire le bain de développement.	500 gr.	5ᶠ le litre
Protosulfate double de fer et d'ammoniaque...	Faire le bain de développement et de renforcement....	1 kilogr.	1ᶠ 25 le kil.
Acide acétique cristallisable et acide acétique..	Faire le bain de développement..........	500 gr.	6ᶠ 50 le kil.
Acétate de cuivre.................	Id. Id.	500 gr.	5ᶠ —
Acide citrique....................	Faire le bain de renforcement...........	50 gr.	12ᶠ —
Vernis tout préparé...............	Conserver les clichés négatifs...........	2 flacons	1ᶠ 50 le flac.
Hyposulfite de soude.............	Fixer les clichés négatifs et les épreuves positives ..	2 kilogr.	0ᶠ 60 le litre
Gomme arabique..................	Conserver les clichés négatifs...........	500 gr.	1ᶠ —

Pour positifs	Ces produits servent pour	Quantité à avoir	Prix appxoximat.
Chlorure double d'or et de potassium	Le bain de virage.....................	2 gr.	2f 50 le gr.
Blanc d'Espagne.................	Id. Id.	100 gr.	1f 50 le kil.
Acétate de soude fondu...........	Le bain de virage (2e formule)..........	100 gr.	5f —
Vernis tout préparé..............	Donner du brillant aux épreuves positives.	1 flacon	2f 25 le flac.
Amidon......................	Coller les épreuves	500 gr.	1f 50 le kil.
Os de Seiche....................	Enlever le brillant de l'épreuve avant la retouche.....................	1 morceau	0f 10 le morceau
Encre de Chine, carmin, bleu de Prusse....................	Faire la teinte destinée à retoucher les clichés	1 pain de chaque couleur	0f 50 le pain
Savon de Marseille................	Satiner les épreuves à la presse à chaud.	100 gr.	0f 90 le kil.
Cire vierge..........	Faire l'encaustique destiné à satiner à froid les épreuves.....................	100 gr.	7f —
Essence de lavande		50 gr.	15f —
Gomme laque.................	Vernir les bois des appareils photograph.	100 gr.	7f 50 —

Ces produits se trouvent dans toutes les maisons de produits chimiques, et particulièrement dans celles de fournitures spéciales pour photographies, telles que :

Audouin, cité Bergère, 5.
Comptoir spécial de fournitures photographiques, rue de l'Echiquier, 14.
Marion fils et Géry, cité Bergère, 14.
Martin, faubourg Saint-Denis, 77.
Poulenc frères, rue Vieille-du-Temple, 92.

LIVRE PREMIER

—

DEUXIÈME PARTIE

Opérations à faire pour obtenir une épreuve négative au collodion humide

Formules

PROCÉDÉ

AU

COLLODION HUMIDE

NETTOYAGE DES GLACES

Première opération photographique pour négatif

Mettre les glaces 24 heures dans de l'eau fortement acidulée par l'acide nitrique, soit 25 pour 0/0 d'acide à peu près.

Les rincer.

Puis, nettoyer avec du tripoli et teinture d'iode.

Finir avec :

Eau...................... 200 gr.

Iodure de potassium... 10 gr.

Iode .... 5 gr.

puis, un linge sec.

Envelopper les glaces dans un papier de soie, et passer un blaireau dessus lorsque l'on s'en sert.

Pour s'assurer qu'une glace est bien nettoyée, couvrez-la de la buée de votre haleine ; cette buée doit s'enlever successivement des bords vers le milieu de la glace, pour se terminer en un point imperceptible, sans laisser ni rayures, ni traces d'impuretés.

POSE

2ᵉ Opération. — Les amateurs travaillant généralement en plein air, devront se servir comme fond, pour les portraits, d'un châssis en bois ayant 2 mètres de hauteur sur 1 mètre 50 de largeur, recouvert d'un drap ou d'un papier entièrement marron ; le sujet que l'on tire devra se placer environ à 1 mètre en avant de ce fond.

Il est important que le sujet soit toujours éclairé à 45°, ou qu'il ait le soleil derrière lui ; le petit côté de la figure doit se trouver dans l'ombre.

Le modèle étant prêt à poser, vous recouvrez l'objectif d'un drap sous lequel vous vous placez, et vous mettez au point, jusqu'à ce que les détails viennent bien nets sur le verre dépoli de la chambre noire.

Pour le portrait, mettez au point : une première fois, les yeux ; puis une deuxième fois, la bouche ou les moustaches, et comparez, (le cliché étant terminé), la méthode qui vous aura donné le plus de netteté.

Cette comparaison est le mode le plus simple, car la mise au point dépend entièrement du foyer chimique de l'instrument.

Pour les paysages, on met au point sur les premiers plans, avant de diaphragmer ; si la vue a beaucoup de profondeur, on met au point sur les plans moyens.

La mise au point étant faite, on rentre dans le laboratoire collodionner la glace, la passer au bain d'argent et la mettre en châssis ; puis le châssis étant placé dans la chambre noire, vous passez à la *sixième opération*, qui est celle du tirage du sujet.

Pour cela, relevez la planchette qui met en communication la partie collodionnée de la glace avec l'objectif, et ouvrez l'obturateur.

Une des recommandations essentielles pour obtenir un bon cliché, est de ne pas poser trop longtemps.

Avec les formules données dans notre Traité, pour les différentes opérations du négatif, le temps de pose moyen en plein air, par une belle lumière (soit de 9 heures du matin à 2 heures de l'après-midi), doit être :

Pour le portrait d'enfant......   1 seconde
     —   gr^{de} personne   1 seconde 1/2
Pour le paysage ....   3 secondes 1/2
Pour la reproduction de gra-
  vures, environ............ 15 secondes.

La pose terminée, fermez l'obturateur de

l'objectif, abaissez la planchette du châssis, et emportez ce dernier dans le laboratoire.

Les portraits se font généralement sans diaphragmes, et les paysages et reproductions avec diaphragmes.

Observations générales sur la manière d'éclairer
un modèle posant pour le portrait
dans un Atelier

La pose du portrait en plein air, évidemment très-pratique, ne donne malheureusement qu'une image sans relief, et ne permet pas d'obtenir les effets artistiques que l'on peut produire dans un atelier éclairé du haut et d'un côté.

Nous avons donc cru utile de présenter quelques observations sur la manière d'éclairer un modèle posant dans un atelier.

La première condition à observer est de repousser tout rayon de soleil pénétrant dans l'atelier qui, frappant sur les murs, produirait de mauvaises réflexions, susceptibles de rendre stérile tout ce qu'on tenterait pour éclairer le modèle.

Le modèle doit toujours être placé au centre de l'endroit où tombe la lumière, à environ 1 mètre 50 de la lumière de côté, et la tête tournée, de manière que le nez pointe dans la direction parallèle à cette lumière, et soit

éclairé par une forte ligne lumineuse ; dans
ces conditions, les yeux devront aussi recevoir un bon éclairage.

La chose la plus importante à observer,
c'est que le reflet des yeux soit le même
dans chaque œil. Si ce reflet n'apparaît que
dans un œil seulement, c'est que la figure
est trop éloignée de la lumière de côté ;
pour éviter cela, faites tourner la tête vers
la lumière de côté, jusqu'à ce que les points
lumineux apparaissent avec la même intensité dans les deux yeux ; vous pourrez alors
être certain d'obtenir un excellent éclairage
de la figure.

L'étude de la pose, au moyen du point de
vision, constitue un véritable talent artistique, car les yeux expriment tous les
sentiments qui rendent la tête attrayante
et pleine de charme, et il est parfaitement
compréhensible que la beauté d'une épreuve
photographique puisse dépendre complètement de la clarté, de la profondeur et de
l'expression des yeux.

Les yeux noirs ou foncés sont souvent
privés de leur brillant ou de leur vie par la
réflexion des objets qui les entourent ; les
rideaux bleus, les murs de l'atelier tapissés
en bleu, sont souvent la cause de ce défaut,
car la réflexion du bleu dans l'œil ne se voit
pas à la pose, et devient blanche sur l'épreuve.

La grande difficulté qu'on éprouve pour photographier les yeux bleus vient de là, car toutes ces réflexions n'y sont pas aussi facilement vues que dans les yeux noirs.

L'observateur apprendra vite à juger d'après la forme extérieure de l'œil, l'endroit où il faut placer le point de vision pour chaque poseur; en se basant sur ce que les personnes myopes ont généralement les yeux pleins et ronds, tandis que les personnes presbytes ont les yeux plus plats.

Lorsque l'on pose pour un portrait, on est généralement convaincu qu'il faut fixer les yeux sur un point déterminé, et ne pas battre les paupières ; c'est là une erreur qui est la principale cause de la non réussite des yeux.

L'objet à fixer ne doit jamais avoir moins de 5 centimètres de diamètre, et en le regardant, battez les paupières pendant toute la durée de la pose; vous vous assurez de cette façon une belle et franche expression de l'œil.

L'éclairage du modèle doit être complété au moyen d'un fond marron ou gris, gradué du clair au sombre, et qui est de beaucoup préférable au fond de teinte uniforme qu'on a tendance à adopter généralement.

Le fond demi-circulaire, de M. Adam Salomon, répond parfaitement à la gradation convenable, permettant de donner le relief voulu au portrait.

Ce fond, qui se compose d'un panneau en bois demi-circulaire, ayant environ 2 mètres de hauteur, peint à l'intérieur en marron ou en gris, doit être placé derrière le modèle, de manière que le côté le plus éloigné de la lumière soit éclairé, et le côté le plus rapproché de cette lumière reste dans une ombre comparative.

En tournant ce fond tout-à-fait en face de la lumière, vous obtiendrez un ton plus ou moins clair ; en le tournant contre la lumière, vous obtiendrez un ton plus ou moins noir.

Les effets de ce fond peuvent se modifier par l'emploi de deux rideaux placés à la partie supérieure, que l'on ouvrira ou fermera à volonté, suivant l'effet à obtenir.

Les rideaux en étoffes opaques peuvent être choisis en rose, ou en jaune, et dans le cas d'une très-forte lumière du haut, on peut même employer une étoffe opaque presque noire, si la personne qui pose se fait faire en buste.

Ces observations générales, et toutes sommaires, sur la manière d'éclairer un modèle posant pour le portrait dans un atelier, sont développées avec talent par M. Klary, dans son ouvrage : *L'Eclairage des Portraits photographiques*, publié par la librairie Gauthier-Villars, 55, quai des Augustins,

Paris, et que nous recommandons tout spécialement à ceux qui s'occupent de photographie, au point de vue artistique.

PRÉPARATION DU COLLODION

Le collodion se fait de la manière suivante:

Mettez dans un flacon :
    Ether......... 666 grammes.
    Coton......... 8 grammes, et agitez.
Puis, prenez 333 grammes alcool, dans lequel vous faites dissoudre :
    Iodure ammonium..... 4 grammes
    — cadmium....... 2 grammes
    Bromure ammonium... 2 grammes
Cette dissolution doit se faire dans un petit flacon, à part.

Après complète dissolution des sels, versez le contenu du petit flacon sur les 666 gr. d'éther, et ajoutez l'alcool restant.

Laissez décanter 3 ou 4 jours, et filtrez.

L'amateur ne pouvant se livrer facilement à ces travaux chimiques pourra, de préférence, acheter son collodion tout fait ; il devra le choisir ayant une teinte ambrée, le collodion blanc étant alcalin, et ayant tendance à se détacher plus facilement de la glace.

Troisième opération photographique pour négatif

Avant de verser le collodion sur la glace, il est urgent de passer dessus un blaireau, afin d'enlever la moindre poussière qui fait tache.

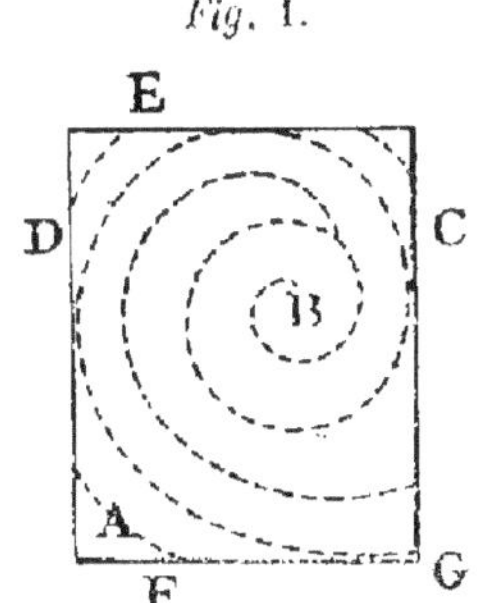

Fig. 1.

Prenez votre glace de la main gauche en A *(Fig. 1)*, versez le collodion en B, en assez grande quantité pour pouvoir en recouvrir la glace, faites osciller la glace de la droite vers la gauche, c'est-à-dire de C en D, puis du haut en bas, c'est-à-dire de E en F, et ramenez en G pour verser

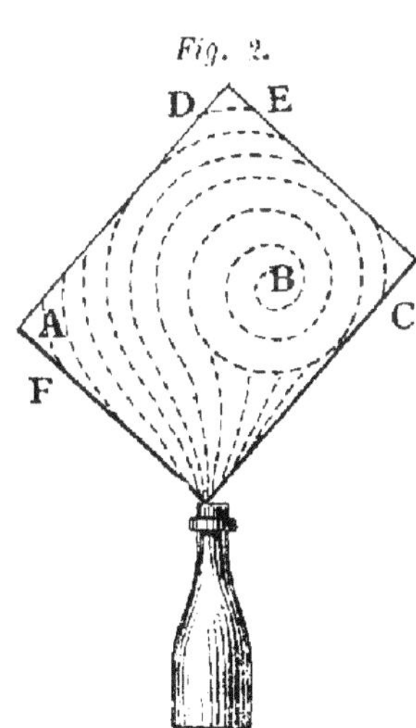

Fig. 2.

l'excédent de collodion dans un flacon spécial *(Fig. 2)* afin d'éviter les impuretés qui pourraient se mêler au collodion restant, si on reversait dans le flacon principal.

Avoir soin d'osciller la glace sur le flacon avant de la ramener verticale ; cette opération a pour but d'empê-

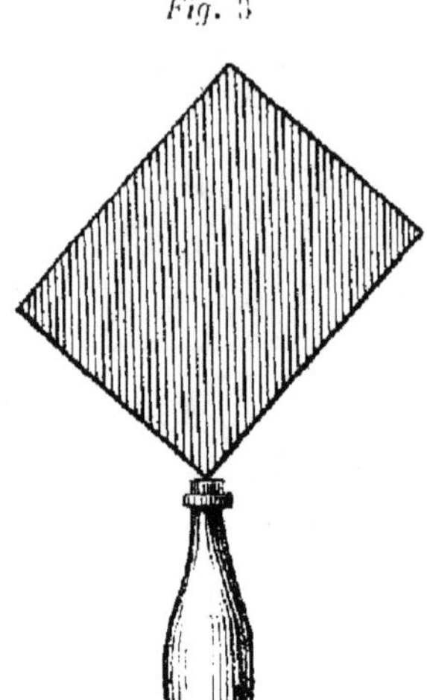

Fig. 3

cher les hachures du collodion *(Fig. 3)* qui se formeraient sur la glace, et qui se reproduiraient ensuite sur l'image positive.

Laissez prendre le collodion sur la glace jusqu'à ce que, en passant le doigt sur les bords, on sente le collodion sec, et mettez dans le bain d'argent.

L'opération du collodionnage peut se faire la porte du laboratoire restant ouverte.

BAIN D'ARGENT

Préparation du bain d'argent

Le bain d'argent doit se faire à 10 °/°, soit :

    Eau ordinaire...... 100 grammes

    Nitrate d'argent.... 10 —

Dans un flacon à part, faites une solution de :

    Eau ordinaire...... 100 grammes

    Iodure de potassium 4 —

    Iodure de cadmium. 5 —

    Teinture d'iode..... 1 —

et versez-en 5 gouttes, par litre de bain d'argent ; laissez reposer et filtrez.

(Il n'y a aucun inconvénient à mettre les 5 gouttes dans moins d'un litre de bain d'argent.)

Quand le bain d'argent, par l'usage, se trouve trop saturé d'alcool, il faut d'abord le mesurer en volume, puis le faire bouillir une demi-heure, et l'exposer une journée au soleil ; on le ramène ensuite à son volume primitif par une addition de nitrate à 10 °/₀, et l'on filtre. — Si le bain voile les images, on l'acidule avec 2, 3, 4 ou 5 gouttes d'acide nitrique, et on filtre ensuite.

Un bain doit toujours contenir environ 500 grammes de liquide, et comme il arrive qu'à un moment donné, on ne peut plus le remonter, et qu'il faut alors le mettre aux résidus, il est toujours bon d'avoir un deuxième bain tout prêt à servir.

Quatrième Opération photographique pour négatif

Lorsque vous vous êtes assuré que le collodion est bien pris sur la glace, vous prenez celle-ci en A et la plongez d'un seul coup dans la cuvette contenant le bain d'argent, de manière que le liquide la recouvre bien entièrement ; vous la laissez jusqu'à ce que la partie huileuse ait entièrement disparu, ce qui demande 2 à 3 minutes, quand la glace a été bien agitée dans la cuvette ; puis, vous la soulevez au moyen d'une pince à bec d'argent, vous la reprenez de la main gauche en A, et l'égouttez en G, comme pour le collodionnage.

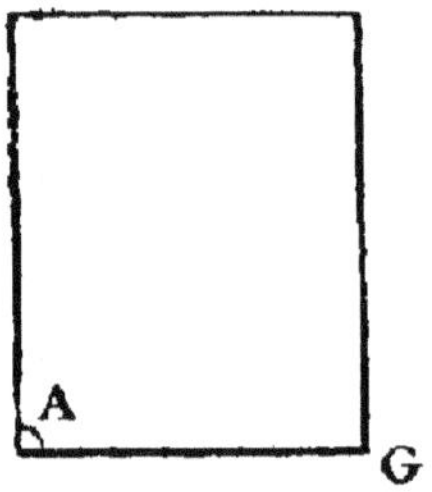

Il est à remarquer que dans les différentes opérations photographiques qui sont à faire pour obtenir le négatif, les glaces doivent toujours être égouttées dans le même sens.

L'opération de la mise au bain d'argent ne

doit se faire que le laboratoire entièrement fermé, et la lumière n'étant produite que par le verre jaune.

MISE EN CHASSIS

Cinquième Opération photographique pour **négatif**

La première condition avant de mettre la glace en châssis, est que le châssis soit bien nettoyé, et qu'il n'y ait trace de la moindre poussière.

Les glaces devant toujours être égouttées dans le même sens, la glace doit être mise dans le châssis, le point A étant dans le bas. Vous placez derrière la glace une feuille de papier buvard ; vous fermez ensuite votre châssis, et le portez pour être placé dans la chambre noire de l'objectif.

Le temps normal qui doit s'écouler entre le moment où vous retirez votre glace du bain d'argent, et celui où vous commencez l'opération de la pose, ne doit pas dépasser deux minutes, sous peine de ne pas conserver à la plaque toute la sensibilité voulue.

L'opération de la mise en châssis ne se fait que le laboratoire entièrement fermé.

DÉVELOPPEMENT

Préparation du bain de développement

Le bain de développement se compose de :

Eau ordinaire............ 900 grammes.

Protosulfate de fer double

   et d'ammoniaque....... 50 »

Acide acétique............ 22 »

Alcool.................... 30 »

   et filtrez.

La veille au matin du jour où vous comptez opérer, ajoutez dans 100 grammes de ce bain 4 centimètres cubes de la solution d'acétate de cuivre, que vous faites à part dans un flacon, et comme suit :

Acétate de cuivre........ 100 grammes.

Eau ordinaire........... 1.000 »

faites bouillir jusqu'à dissolution, en ajoutant de l'acide acétique cristallisable, en quantité suffisante pour que la dissolution soit complète.

Le maximum de sensibilité du bain de développement, additionné de solution d'acétate de cuivre, dure 5 à 6 jours ; mais ce bain est encore bon même pendant un mois.

Généralement, le bain préparé la veille

au matin, ainsi qu'il a été dit, sert pour les portraits ; et le bain un peu vieilli, pour les paysages et reproductions. L'emploi de l'acétate de cuivre ayant pour but de donner une pose plus rapide, on comprend qu'avec un bain vieilli, la pose devient plus longue ; mais 2 ou 3 secondes de plus pour les paysages ou les reproductions n'ont pas grande importance.

Septième Opération photographique pour négatif

Lorsque vous rentrez dans le laboratoire, rapportant le châssis qui contient le négatif que vous venez de tirer, fermez d'abord le laboratoire ; versez dans un petit verre une quantité de bain de développement suffisante pour recouvrir 2 fois la glace, retirez la glace du châssis, tenez-la de la main gauche, toujours en A, placez-vous au-dessus d'une cuvette et près du verre jaune, qui donne la lumière dans le laboratoire, et versez le bain de développement sur la glace, en employant assez de liquide pour la recouvrir entièrement ; peu à peu l'image apparaîtra ; déversez votre bain (en G) dans le petit verre, et reversez sur la glace jusqu'à ce que votre image soit bien venue, c'est à dire jusqu'à ce que les blancs soient bien noirs, et réciproquement les noirs bien blancs.

La force à donner à un cliché est une des opérations les plus difficiles, et qu'on ne peut acquérir que par la pratique ; cependant, l'amateur peut se guider, en se procurant chez un photographe un cliché qu'il encadrera dans un petit châssis, et qui sera fixé dans le laboratoire sur le verre jaune.

L'opérateur, en comparant le cliché qu'il développe avec le cliché-type ayant la force voulue, aura un point de comparaison qui sera son meilleur guide.

Lorsque le cliché a la force voulue, on le lave jusqu'à ce que la couche graisseuse qui est à sa surface n'existe plus ; on lave également l'envers du cliché, en ayant soin d'enlever avec les doigts les parties de collodion nitraté qui se trouvent en bavures ; si au lieu du lavage à la carafe, on se sert d'une pissette reliée à un bassin d'eau, qui donne une pression assez forte, évitez d'envoyer le jet d'eau sur le bord de la glace, car on risque souvent de détacher le collodion, et on peut ainsi perdre son cliché.

Si l'opérateur n'avait pas suivi la méthode d'égouttage que nous indiquons, uniforme pour chaque opération, il devrait néanmoins, pour le portrait, verser son bain de développement, en commençant sur les pieds du sujet ; ce mode a pour effet, vu la position que la glace occupait dans la châssis, d'éviter les taches sur la figure.

RENFORCEMENT

Le bain de renforcement se compose de :
    Eau ordinaire......   450 grammes
    Acide citrique......   8   —
    Protosulfate double
de fer et d'ammoniaque.   6   —
    et filtrez.
Au moment de vous servir de ce bain, ajoutez quelques gouttes d'un bain d'argent à 6 %
soit :
        Eau ordinaire..   100 grammes
        Nitrate d'argent.   6   —
que vous avez à part, dans un flacon spécial.

Le défaut commun à presque tous les
amateurs est de renforcer les clichés. Un
cliché qui est fait par une belle lumière, et
qui a juste le temps de pose voulu, n'a pas
besoin de renforcement.
Voilà le principe à observer ; néanmoins si
l'opérateur juge son cliché trop faible, il le

renforce en procédant comme pour le développement.

La quantité de bain de renforcement nécessaire doit être versée dans un petit verre, comme celui qui sert au bain de développement; l'image paraissant à point, vous lavez fortement votre cliché, et ouvrez la porte du laboratoire pour procéder au fixage.

FIXAGE

Préparation du bain de fixage

L'hyposulfite pour fixage des clichés doit être concentré à saturation, c'est-à-dire de façon à ce qu'il reste encore des cristaux au fond du flacon.

Le degré de saturation est à peu près de 70 gr. %, c'est-à-dire :

    Eau ordinaire.......... 100 grammes
    Hyposulfite de soude... 70   —
        et filtrez.

Le *cyanure de potassium* est aussi un agent fixateur très-puissant, mais qui doit être complètement rejeté ; son emploi pouvant amener *la folie et même une mort foudroyante.*

Neuvième Opération photographique pour négatif

Avant de commencer à collodionner votre glace, il faut verser dans une cuvette en porcelaine ou en verre moulé, une quantité de bain de fixage assez grande pour qu'une glace mise dans cette cuvette en soit entièrement couverte.

L'hyposulfite ayant une action nuisible sur le bain d'argent, il est prudent de mettre la cuvette qui contient le bain de fixage en dehors du laboratoire, d'autant plus que le fixage peut se faire à la lumière solaire faible.

Donc, après les lavages du développement ou du renforcement, s'il y a lieu d'en faire un, mettez votre glace dans la cuvette renfermant le bain de fixage, en la plongeant d'un seul coup, et agitant de temps en temps la cuvette, jusqu'à ce que l'image soit parfaitement nette et complètement dépouillée de toute trace de chlorure d'argent. Cette opération demande à peu près 5 minutes, pour arriver au point voulu.

Retirez ensuite la glace que vous soulevez avec une petite pince en verre ou en buis ; égouttez-la (toujours en la tenant en A), et lavez ensuite fortement les deux faces, pour enlever tout l'hyposulfite en excès ; puis laissez sécher, en inclinant un peu la glace, qui devra reposer sur une planchette, par les points A et G.

Le bain de fixage pour négatif, se conservant plusieurs jours malgré son emploi, on ne le renouvelle que lorsqu'on s'aperçoit que l'image ne se fixe plus assez rapidement, et d'une façon convenable.

Après avoir fixé le cliché et l'avoir bien lavé, il est essentiel aussi de bien se laver les mains, si l'on ne veut s'exposer à compromettre le bain d'argent dans les nouvelles opérations que l'on peut faire.

**Moyen d'enlever aux mains les taches
de nitrate d'argent et d'acide pyrogallique**

Après s'être bien lavé les mains, si les doigts ont conservé, au contact du nitrate d'argent et de l'acide pyrogallique, des taches noires, lavez-vous à nouveau dans une solution composée de :

    Eau de javelle.......... 1 litre

    Iodure de potassium... 10 grammes
puis, passez-vous les mains dans une solution d'hyposulfite à saturation, et les taches noires disparaîtront immédiatement.

VERNISSAGE

Préparation du vernis

Le vernis pour négatifs se compose de :

        Alcool à 40°.......... 1 litre
        Sandaraque.......... 35 grammes
        Benjoin en larmes.... 35   —
        Gomme Elenie........ 35   —

faites dissoudre, et filtrez.

Il est beaucoup plus simple et moins coûteux d'acheter le vernis tout fait. Nous recommandons celui de M. Sœhnée, n° 19, rue des Filles du Calvaire, à Paris, qui coûte 1 fr. 50 le flacon, et que l'on trouve aussi dans les maisons de fournitures photographiques. Les amateurs, n'ayant pas besoin de conserver longtemps leurs clichés, peuvent avantageusement remplacer le vernis par une solution de gomme arabique à 12 %. Après avoir filtré cette solution à travers un linge fin, il suffit d'en couvrir le cliché à deux ou trois reprises ; le cliché à cet état est aussitôt sec et prêt à retoucher.

Dixième Opération photographique pour négatif

Pour vernir un cliché, après l'avoir chauffé légèrement, versez votre vernis sur le côté collodionné, comme si vous versiez du collodion sur une glace (ainsi qu'il a été dit, page 43, 3ᵉ opération photographique pour négatif), puis, réchauffez à nouveau le cliché, jusqu'à ce que le vernis soit sec.

Cette opération faite, votre cliché est entièrement terminé, et vous n'avez plus qu'à le conserver dans une boîte à rainures, ou à l'empaqueter dans du papier, ce qui convient beaucoup mieux.

Les clichés vernis se conservent très-longtemps ; néanmoins, nous conseillons d'encadrer le verre du cliché, d'une petite bande de papier, collée sur les bords, et large d'environ 1 2 centimètre ; on préserve ainsi le cliché de toute écaillure.

RETOUCHE DES CLICHÉS

Onzième opération photographique pour négatif
(facultative)

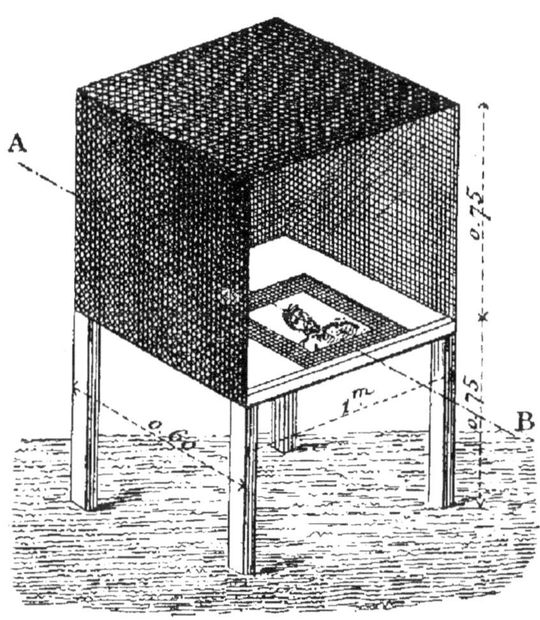

Pour bien retoucher un cliché, il est
nécessaire de se trouver dans l'obscurité et
de voir le cliché par transparence.

Nous donnons ci-joint un croquis et une
coupe transversale d'une table à retouches.

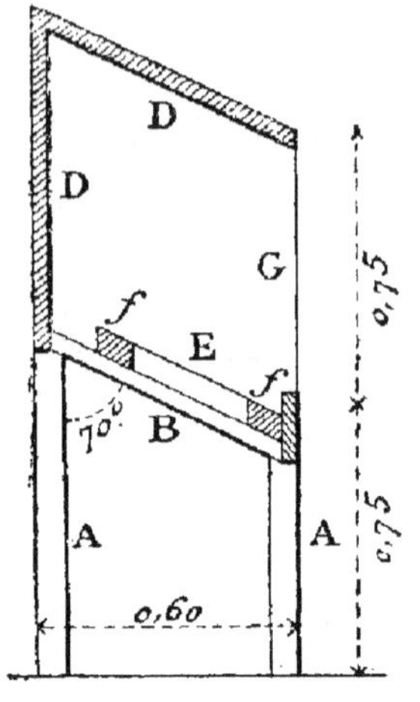

Coupe transversale
d'une Table à retouches

Sur quatre pieds en bois A A, dont deux seront plus courts, pour produire une inclinaison de 70° environ, montez un verre double B, de 1 mètre de largeur sur 0^m 60 de hauteur, sous lequel vous collerez une feuille de papier blanc en B; faites faire, pour entourer la table (sauf à la partie G), une chambre en carton noir ; le jour se réfléchira sur la glace B, et vous n'aurez qu'à placer dessus votre cliché E, entouré d'une bande de carton noir *f,f*, pour bien apercevoir par transparence, tous les détails de votre cliché.

La retouche se fait au crayon et au pinceau. Le crayon employé est le Faber dur ; les pinceaux sont en blaireau, extrêmement fins.

Dans les portraits, le crayon sert principalement pour la retouche de la tête : taches de rousseur, rides exagérées. On trace en différents sens des traits rapprochés sur les parties saillantes à adoucir, jusqu'à ce que ces lignes multiples se confondent.

Les lumières dans les vêtements et accessoires se mettent au pinceau enduit de carmin.

Pour boucher les trous du cliché qui, au lieu de blancs, donnent des noirs sur l'épreuve positive, on emploie le carmin pur, ou mieux l'encre de Chine.

Le reflet blanc dans les yeux s'enlève en grattant la couche de vernis avec une pointe.

Les noirs vifs à produire se font aussi en grattant la couche de vernis avec une pointe; on peut les atténuer en passant sur la partie grattée une couche de carmin plus ou moins forte.

Le réchampissage des ciels est une opération très-difficile; il faut la faire avant de vernir, avec du vermillon ou du jaune de chrôme au miel, très-foncé; ce travail demandant une habileté toute spéciale, nous ne conseillons pas aux amateurs de l'entreprendre.

INSUCCÈS NÉGATIFS

AU COLLODION HUMIDE

Les insuccès en photographie au collodion humide sont nombreux; la cause première vient le plus souvent de produits impurs ou mal préparés, et surtout du manque de soin et de propreté de l'opérateur.

Pourtant, si l'amateur suit textuellement le mode de préparation des produits, et le mode d'opérations que nous avons indiqués dans les chapitres précédents, nous sommes à peu près persuadés qu'il arrivera, sans grande difficulté, à obtenir des clichés bien nets.

Nous nous contenterons donc de lui signaler les causes d'insuccès les plus générales, et auxquelles il pourra facilement remédier, en se reportant aux indications que nous allons donner.

Comme règle générale :

1° Les produits ne doivent être préparés qu'avec de l'eau distillée.

2° Les lavages ne doivent être faits qu'avec de l'eau de pluie.

L'emploi des eaux calcaires, sulfureuses, ferrugineuses, ou contenant des matières organiques, expose l'amateur à des insuccès dont il chercherait en vain la cause, sans pouvoir la trouver.

3° Les glaces doivent être de la plus grande propreté, ainsi que les cuvettes, verres et flacons, destinés à contenir les différents bains.

4° Le laboratoire doit être entièrement noir, et ne laisser filtrer aucune lumière; cette observation s'applique aussi à la chambre noire de l'objectif, et aux châssis.

5° Les lavages doivent être faits avec grand soin après le développement, le renforcement, et surtout après le fixage à l'hyposulfite.

Parmi les insuccès fréquents chez les débutants, nous remarquerons les suivants, que nous classons par demandes et par réponses, pour en faciliter la lecture.

INSUCCÈS NÉGATIFS au Collodion humide	CAUSES ET MOYENS D'Y REMÉDIER
1° Le collodion se détache des bords de la glace, quand on la met dans le bain d'argent.	1° C'est que les glaces ne sont pas bien nettoyées ; Qu'elles sont humides, ou que l'évaporation du collodion n'était pas suffisante, lors de la mise au bain d'argent.
2° L'image est voilée ; c'est-à-dire n'a pas la netteté voulue et semble plus ou moins effacée.	2° Ces voiles viennent de plusieurs causes : Pose exagérée ; Filtration lumineuse dans le laboratoire ; Glaces et ustensiles mal nettoyés ; Emploi d'eau, autre que l'eau distillée ou de pluie ; Lavages imparfaits ; Bain d'argent trop alcalin.
3° Marbrures	3° En sortant du bain d'argent : les marbrures viennent de ce que la glace n'a pas été remuée dans le bain d'argent, ou qu'elle a été retirée de ce bain avant que la couche huileuse ait complètement disparu ; En sortant du châssis : c'est que la glace n'a pas été bien

égouttée, ou que le châssis n'étant pas verni, a donné de l'humidité ;

Après le développement : c'est que la glace n'a pas été balancée pendant cette opération ;

Après le renforcement : c'est que le cliché était trop sec, lorsque l'on a fait cette opération.

3° Marbrures

4° Produites quand la glace étant égouttée dans un sens, au sortir du bain d'argent, on la place en sens inverse dans le châssis, ou pour le développement.

4° Traînées longitudinales.

5° Proviennent du bain d'argent trop faible, ou du trop peu de pose.

5° Nuages transparents.

6° Proviennent du jour dans la chambre noire, ou dans les châssis.

6° Espaces noirs.

7° Proviennent de la poussière sur la glace, avant ou après la mise au bain d'argent.

7° Piqures.

8° Le flou, c'est-à-dire le manque de netteté.

8° Provient de ce que l'appareil ou le sujet ont remué.

9º Stries diagonales.

9º Proviennent de ce que la glace n'a pas été balancée, lentement et uniformément, pendant le collodionnage, et surtout pendant l'égouttage du collodion.

10º Cristallisations.

10º Proviennent de lavages insuffisants, après le fixage à l'hyposulfite.

11º Images superposées.

11º Proviennent de glaces ayant déjà servi, et ensuite mal nettoyées.

LIVRE PREMIER

TROISIÈME PARTIE

Opérations à faire pour obtenir une épreuve positive sur papier

Formules

LIVRE PREMIER

ÉPREUVES POSITIVES

Papier

Le papier, employé en photographie, pour obtenir des épreuves positives, se vend généralement albuminé, c'est-à-dire renfermant dans sa pâte du chlorure d'ammonium, qu'il faut ensuite transformer en chlorure d'argent, afin de rendre ce papier sensibilisé, et partant, susceptible d'être impressionnable à la lumière.

Pour sensibiliser le papier albuminé, on se sert d'un bain d'argent, composé de :

    Nitrate d'argent fondu   15 grammes
    Eau distillée......... 100   —
    Bi-carbonate de soude   1   —

filtrer la partie claire de ce bain, avant de s'en servir, en ayant soin de laisser toujours au fond du flacon le dépôt de bi-carbonate de soude.

Quand on s'est servi d'une partie du bain, il faut toujours le ramener à son volume primitif, au moyen de la solution suivante :

Nitrate d'argent.... 15 grammes
Eau distillée........ 100 —

Le bain sensibilisateur à 15 % de nitrate d'argent, est bon pour les papiers albuminés, pesant 10 kilogr. la rame ; ceux de 8 kilogr. ne demandent qu'un bain de 10 à 12 %.

Première Opération photographique (facultative) pour obtenir une épreuve positive

Pour sensibiliser le papier, on verse dans une cuvette une quantité suffisante de bain sensibilisateur, et avec les plus grandes précautions, on place sur la cuvette la feuille de papier, de manière que le côté albuminé soit en contact avec le liquide, et que l'autre côté ne soit pas mouillé.

Les papiers forts doivent être maintenus 4 à 5 minutes sur le bain, les papiers fins, 3 à 4 minutes seulement ; puis, relevez la feuille le plus lentement possible, afin de lui conserver toute son homogénéité argentifère, et après l'avoir égouttée, on la suspend pour la laisser sécher.

Le papier que l'on sensibilise soi-même, ne conserve son impressionnabilité qu'une huitaine de jours, et commence à jaunir après

24 heures. Les photographes de profession, qui ont beaucoup d'épreuves à tirer, ont seuls avantage à faire cette manipulation.

Pour les amateurs, qui tirent moins souvent d'épreuves, nous conseillons d'acheter le papier tout sensibilisé, et de demander au fournisseur, la marque Rives blanc, 10 kilog., qui est excellente ; l'emploi de ce papier nécessite des clichés un peu durs.

Ces feuilles, ayant généralement 57 sur 22, coûtent 1 fr., et peuvent se conserver plusieurs mois, si l'on a le soin de bien les empaqueter dans du papier jaune, et de les renfermer dans un étui préservateur, en zinc.

Un étui, pouvant contenir une main de papier, coûte 1 fr. 50.

Les maisons que nous recommandons spécialement pour l'achat du papier sensibilisé, sont :

Audouin, 5, cité Bergère...........
Carsault, 11, rue de l'Hôpital-Saint-
   Louis ....   Paris
Marion et Géry, 14, Cité Bergère...
Martin, 77, faubourg Saint-Denis..

TIRAGE AU CHASSIS

Deuxième opération photographique pour obtenir une épreuve positive

Pour tirer une épreuve positive, après avoir bien nettoyé les deux côtés de la glace du châssis, on nettoie aussi le cliché du côté opposé à l'épreuve, côté que l'on applique contre le verre du châssis ; puis, sur le cliché (côté de l'épreuve), on place le papier sensibilisé (côté sensibilisé) ; on met par-dessus un petit coussin de 8 à 10 feuilles de papier buvard, que l'on refoule au moyen de la planchette brisée, et on ferme avec les deux barres à crochet B B.

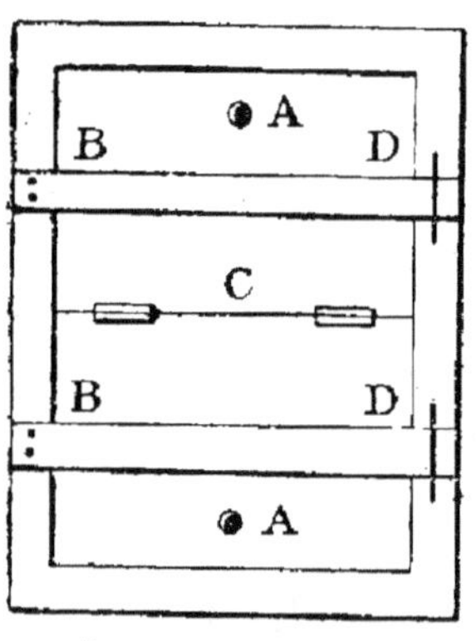

Dessus d'un Châssis pour positif

On expose ensuite le châssis à la lumière du jour, en évitant, autant que possible, une exposition en plein soleil, et lorsqu'on veut se rendre compte du degré d'intensité de l'épreuve, on n'a, tout bonnement, qu'à enlever le crochet D, rejeter la barre B en

arrrière et soulever la planchette, au moyen
du bouton A. La planchette étant à charnière,
en son milieu, vous pourrez voir d'un côté la
moitié de l'épreuve, et après avoir refermé
ce côté, faire la même opération, pour voir
l'autre moitié de l'épreuve.

Le papier, ainsi exposé au jour, prend
successivement les teintes bleu-pâle, pour-
pre-clair, pourpre-foncé, noir métallique et
olivâtre. On pousse ordinairement l'épreuve
jusqu'à ce que les grands blancs de l'image
soient teintés ; dans tous les cas, il faut
toujours dépasser d'au moins un bon tiers,
la coloration que l'on veut obtenir, car dans
les opérations suivantes du virage et du
fixage, l'épreuve perd beaucoup de sa
valeur.

Il faut, pour la mise du papier au châssis,
faire cette opération dans un endroit sombre
(on peut même se mettre dans le laboratoire)
et éviter de toucher avec les doigts le côté
sensibilisé du papier, afin d'éviter des tâches
sur l'épreuve.

Les clichés vigoureux sont longs à s'im-
primer ; les clichés faibles viennent vite.

Quand vous jugez que votre épreuve est
de coloration suffisante, vous la retirez du

châssis, et, la plaçant sur une plaque de verre ou de marbre noir, vous la coupez aux dimensions voulues, au moyen d'une règle en verre très-large, qui vous permet, en apercevant l'image par transparence, de la couper suivant les parallèles aux grandes lignes. Cette opération doit se faire dans un demi-jour, et toutes les épreuves coupées doivent être enfermées dans un étui en carton, peint en noir à l'intérieur, où elles restent jusqu'au moment du virage.

Pour les portraits, on se sert de caches en papier noir, pour produire des encadrements ovales ou rectangulaires, autour de l'image.

Ces caches se vendent à la douzaine dans toutes les maisons de fournitures pour photographie, et coûtent très-bon marché ; soit 0ᶠ 60 la douzaine, format carte de visite, et 0ᶠ 75 la douzaine, format album.

Pour se servir des caches, on doit les interposer entre le cliché et le papier sensibilisé.

Les portraits, dits en dégradé, s'obtiennent en découpant un ovale dans un morceau de carton assez épais, que l'on place sur le verre extérieur du châssis qui renferme l'épreuve à tirer. Ce carton doit recouvrir l'image, de manière à ce qu'elle se trouve encadrée, et on lui imprime un mouvement rotatif, jusqu'à ce que l'intensité du dégradé soit jugée convenable.

On se sert aussi de dégradateurs dentelés, appelés dégradateurs Persus, que l'on trouve chez tous les marchands de fournitures photographiques, et dont le prix varie de 0^f 75 à 3^f, suivant le numéro demandé.

VIRAGE

Le virage est une des opérations les plus délicates de la photographie.

Pour faire un bon virage, il faut le faire dans un endroit très-peu éclairé, et choisir, de préférence, l'heure où le soleil commence à baisser, soit vers 4 ou 5 heures du soir.

Nous allons donner deux formules de bain de virage, qui nous paraissent également bonnes, mais la première convient mieux aux amateurs, à cause de sa facilité d'emploi ; elle donne de très-beaux tons, et est très-peu coûteuse.

Première Formule. — Faites une solution ainsi composée :

    Chlorure double d'or
        et de potassium ...   1 gramme.
    Eau distillée.........   100   —

puis, dans 450 gr. d'eau de pluie, mettez 50 grammes de votre solution d'or, et ajoutez dans le flacon la grosseur d'une noix de blanc d'Espagne.

Ce bain se conserve très-longtemps, à la condition qu'il reste toujours pur, et qu'après chaque virage, il soit ramené à son volume primitif, par une addition de la solution d'or, suivant le nombre des épreuves virées ; à chaque addition d'or, il faut bien agiter le flacon.

Généralement, le virage d'une épreuve, format carte de visite, absorbe 20 centigr. de solution d'or.

Une feuille de papier sensibilisé, type courant du commerce, contient 32 portraits, carte de visite.

Deuxième Formule. — Faites les deux solutions suivantes :

1° Chlorure double d'or
    et de potassium....   1 gramme.
    Eau distillée.........   500   —

2° Acétate de soude fondu   30 grammes.
    Eau distillée.........   500   —
puis, prenez une éprouvette, et versez quelques heures avant de vous en servir, et dans l'ordre suivant :
D'abord, 50 grammes solution d'or (n° 1) ;
Puis,   50 grammes solution d'acétate (n° 2).

Jamais un bain de virage ne doit être filtré ; il est bon à employer quand, de jaune, il est devenu incolore.

Après le virage, le bain qui a servi peut être conservé dans un flacon spécial ; chaque

fois que l'on est pour virer, on doit en jeter
la moitié aux résidus, et remplacer par une
quantité équivalente de bain neuf, préparé
quelques heures d'avance.

Pour qu'un bain de virage vire bien, il doit
toujours avoir une température de 15 à 20 degrés ; il est donc bon de le chauffer un peu en
hiver.

Lorsque ce bain, au lieu de donner à
l'image un beau noir violet, donne une teinte
rouge, il faut y ajouter une ou deux gouttes
de bi-carbonate de soude à 1 0/0 ; si, au contraire, la teinte est plâtreuse, il faut y ajouter
un peu de solution d'or.

Comme recommandation essentielle à
l'amateur, nous lui dirons que :

« Quelque soit le mode de virage adopté, il
» faut persister et ne pas changer de formule,
» avant de savoir s'en rendre maître : c'est
» la condition essentielle pour une réussite
» prompte et certaine, car, quelle que soit la
» formule de virage adoptée, la teinte de
» l'épreuve dépend surtout de la valeur du
» cliché, considéré au point de vue de son
» degré de renforcement. »

Toutes les formules de bain de virage peuvent être considérées comme bonnes ; néanmoins, nous conseillons de n'employer
qu'une ou l'autre de celles que nous don-

nons ici — ces deux formules étant éprouvées, et reconnues excellentes.

Troisième Opération photographique pour faire une épreuve positive

Lorsque l'on sera prêt à faire des virages, on devra placer sur une table, 4 cuvettes en porcelaine, ou de préférence en verre moulé, dans l'ordre suivant :

N.º 1	N.º 2	N.º 3	N.º 4
Bain de Virage.	*Eau de pluie.*	*Eau de pluie.*	*Bain fixateur à l'hyposulfite*

Dans la cuvette n° 1, on mettra le bain de virage, en quantité suffisante pour que toutes les épreuves à virer puissent plonger entièrement dans le liquide.

Dans la cuvette n° 4, on mettra le bain fixateur à l'hyposulfite, dans les mêmes proportions ; enfin, dans les cuvettes n°ˢ 2 et 3, on mettra de l'eau de pluie pour les lavages.

Commencez alors par tremper dans la cuvette n° 2, remplie d'eau de pluie, les épreuves qui doivent être virées, en ayant soin de mettre le côté de l'image en regard du fond de la cuvette ; lorsque ces épreuves sont bien humectées, retirez-les de l'eau, une à une, en

ayant soin de bien les égoutter, et plongez-les
de suite dans la cuvette n° 1, contenant le bain
de virage (les épreuves doivent encore être
placées le côté de l'image en regard du fond de
la cuvette) ; agitez constamment la cuvette,
pour que les épreuves virent d'une manière
bien uniforme, et de temps en temps, retour-
nez-les, jusqu'à ce que vous ayez obtenu un
beau ton noir-violet; alors, retirez les épreuves du bain de virage, et plongez-les dans la
cuvette n° 3, remplie d'eau de pluie. En rem-
plaçant cette eau deux fois, l'image sera assez lavée, pour que vous puissiez procéder
au fixage.

Il est à remarquer qu'en sortant du bain de
virage, si on laisse longtemps les épreuves
dans l'eau, elles continuent à virer, ce qui est
complètement inutile ; le virage doit donc être
fait avec rapidité.

Nous ne saurions trop répéter que l'eau
de pluie est nécessaire pour assurer à
l'épreuve un bon virage, et ne pas compromettre la pureté du bain de chlorure d'or.

Les épreuves, lavées dans de l'eau de pluie,
ne blanchissent que faiblement cette eau, et
le bain de chlorure d'or reste limpide et sen-
siblement incolore après le virage ; le lavage
des épreuves, opéré dans des eaux calcaires,
se reconnaît à la couche laiteuse que déposent
les épreuves qui y sont humectées ; ces épreu-

ves virent difficilement, et après le virage, le bain est trouble et d'une couleur foncée, qui en rend l'emploi impossible.

Il est bon d'avoir deux petites pinces en buis, l'une servant à retirer les épreuves de l'eau, pour les mettre dans le bain de virage ; l'autre servant à retirer les épreuves de l'eau après le virage, pour les mettre dans le bain d'hyposulfite. — Après emploi, ces deux pinces doivent être bien lavées et bien essuyées.

FIXAGE

**Quatrième Opération photographique pour obtenir
une épreuve positive**

Les épreuves, en sortant d'être lavées dans
la cuvette n° 3, sont égouttées, puis plongées
dans le bain fixateur à l'hyposulfite, dont les
proportions sont les suivantes :

> Eau distillée.......... 100 grammes
> Hyposulfite de soude.   15   —

Laissez les épreuves dans ce bain pendant
15 minutes, en ayant soin de les remuer, et de
les retourner de temps en temps.

L'épreuve, après le fixage, doit être bleue; si
elle a la teinte grisée, c'est qu'elle est restée
trop longtemps dans le bain de virage.

Le bain fixateur pour positif, ne doit servir
qu'une fois, sous peine de donner des épreuves très-instables.

LAVAGES

Cinquième Opération photographique pour obtenir
une épreuve positive

Lorsque l'épreuve est fixée, les opérations photographiques sont entièrement terminées, et il ne reste plus qu'à mettre les épreuves dans une cuvette d'eau (l'eau de pluie n'est plus nécessaire), et à changer cette eau toutes les heures, pendant huit à dix fois.

Ces lavages, qui doivent être très-soignés, ont pour but d'enlever l'excès d'hyposulfite de soude qui pourrait faire jaunir le papier, à la longue, comme cela se remarque souvent dans certaines photographies ayant quelques années d'existence; mais il ne faut pas croire qu'il suffise de plonger des épreuves dans l'eau, pour qu'elles soient bien lavées; la première eau employée se charge bientôt de l'excès d'hyposulfite que contient l'épreuve, et cet excès ne disparait complètement, que si l'eau est renouvelée souvent, et pendant un temps assez long.

MONTAGE DES ÉPREUVES

Sixième Opération photographique pour obtenir une épreuve positive

Les épreuves entièrement terminées devront, en sortant de leur dernier bain de lavage, être mises dans un gros cahier de papier buvard, pour être séchées ; pendant ce temps, on prépare une colle composée avec :

Eau ordinaire....... 100 grammes
Amidon .... 10 —

que l'on fait chauffer au bain marie ; quand on a fini de coller toutes les épreuves, on jette la colle dont on ne doit plus se servir.

Les portraits, format carte de visite, et carte album, doivent préférablement être collés sur cartes jaunes ou noires, que l'on trouve dans toutes les maisons de fournitures photographiques.

La composition chimique des cartes blanches fait, qu'au bout d'un certain temps, l'épreuve jaunit et se détériore ; c'est pourquoi la carte blanche est moins appréciée que les cartes jaunes et noires.

RETOUCHE DES ÉPREUVES POSITIVES

Septième Opération photographique (facultative) pour obtenir une épreuve positive

La retouche des épreuves positives se fait avant le satinage, lorsque, au moyen de la poudre d'os de seiche, l'image de l'épreuve se trouve dépolie.

On retouche l'épreuve positive sur papier en couvrant au pinceau, au moyen d'une teinte, les points blancs et les taches accidentelles.

Cette teinte se compose de :

1° Encre de Chine.
2° Un peu de carmin.
3° Un peu de bleu de Prusse.

le tout mélangé, jusqu'à ce que la couleur du virage soit obtenue.

SATINAGE DES ÉPREUVES

Huitième Opération photographique pour obtenir une épreuve positive

Lorsque les épreuves collées sur carton sont bien sèches, on procède au satinage, au moyen de l'encaustique, dont voici la formule :

Cire vierge........... 100 grammes
Essence de lavande... 100   —

faites fondre la cire sur un feu doux, puis l'ayant retirée du feu, ajoutez l'essence de lavande, et laissez refroidir.

Pour satiner une épreuve, on commence par gratter avec un canif un os de seiche (se trouve chez les marchands de fournitures pour peintres) ; à l'aide d'un tampon sec, on frotte fortement la poudre obtenue sur la surface de l'image, pour enlever une espèce de voile qui couvre toujours les épreuves positives ; puis, on met de la cire sur une flanelle, on en enduit l'épreuve, en frottant quelques secondes seulement, et ensuite, on polit avec une flanelle propre.

Depuis quelques années, on se sert chez

les photographes de presses à chaud, françaises et américaines.

Ces presses, dont le prix varie entre 50 et
150 fr., ne sont pas toujours à la portée des
amateurs ; voici, néanmoins, la composition
de la liqueur dont on doit enduire l'épreuve,
avant de la faire passer sous le cylindre
chauffé.

        Savon de Marseille ...   6 grammes
        Alcool ordinaire......   100   —
filtrez avant de vous en servir.

Ces presses à chaud ont l'avantage de donner aux épreuves un brillant, se rapprochant
du gélatinage; mais il y a de grandes précautions à prendre pour ne pas salir les épreuves
avec la vapeur d'eau, se dégageant de la lampe
à alcool qui chauffe la presse, et qui se ré-
pand sur le cylindre compresseur.

Il est à observer que pour bien satiner l'é-
preuve, c'est l'envers de l'image qui doit être
en contact avec le cylindre.

PROCÉDÉ DE PHOTO-MINIATURE

PAR L'APPLICATION DES COULEURS

SUR ÉPREUVES PHOTOGRAPHIQUES POSITIVES

La photo-peinture a pris en ces derniers temps une grande extension, mais elle coûte cher, et nécessite un certain talent que tout le monde ne possède pas.

Les couleurs à l'albumine, de Mlle Berthe Thuiller, 59, rue Myrha, Paris (8 fr. la boite), permettent d'appliquer les couleurs à la photographie, sans connaissances spéciales.

On peut ainsi donner la vie aux portraits, et reproduire les couleurs des vêtements.

Pour colorier un portrait, il faut toujours commencer par les chairs.

On détrempe un peu de couleur chair n° 1, avec de l'eau ordinaire, et l'on passe cette couleur sur toutes les chairs (figure et mains).

Après chaque emploi de couleur, on attend quelques secondes, pour que la couleur s'incruste bien dans la photographie, puis, on passe une éponge mouillée sur la partie coloriée, et on sèche au papier buvard.

Lorsque la teinte de chair n° 1 est bien prise, on mélange un peu de couleur chair n° 2 à la couleur chair n° 1, et avec un pinceau, on dépose une goutte de ce mélange sur les joues ; puis, avec un blaireau, on enlève l'excès d'eau.

On répète cette opération, jusqu'à ce que l'on ait obtenu le rouge que produit la circulation du sang.

Pour donner les reliefs que doit avoir toute peinture, on délaie un peu de couleur bleue, et avec la pointe d'un crayon fin, on en touche toutes les ombres.

On termine la figure, en mettant de la chair n° 2 aux lèvres, à l'intérieur des narines et des oreilles.

Pour les vêtements, on délaie les couleurs que l'on veut reproduire, et on les applique en les passant le nombre de fois voulu, pour avoir l'intensité de la teinte désirée.

On procède de même pour colorier les paysages et reproductions de gravures.

Les épreuves coloriées peuvent être ensuite encaustiquées, satinées et gélatinées.

L'encaustique suffit pour bien faire ressortir les couleurs, et donner du relief à la photographie ainsi coloriée.

PROCÉDÉ POUR LE DÉCALQUE

SUR BOIS, SUR MÉTAL, SUR VERRE
ET SUR PORCELAINE

DE LA PHOTOGRAPHIE - LITHOGRAPHIE - AUTOGRAPHIE
ET GRAVURES ANCIENNES ET MODERNES

Faites tremper la gravure à décalquer dans l'eau pendant 2 minutes ; puis, séchez entre 2 papiers buvards.

Passez sur la partie à décalquer une couche de vernis blanc, à l'esprit surfin, que l'on peut se procurer chez tous les marchands de couleurs.

Si la première couche de vernis se boit une fois posée, passez en une deuxième; puis, appliquez vivement la gravure, en la tamponnant avec un linge, pour qu'elle adhère bien au corps sur lequel le décalque doit se faire.

Laissez sécher pendant 4 heures ; mouillez ensuite le dos de la gravure, et frotiez avec le doigt, une éponge ou un linge, pour enlever le papier, jusqu'à ce que l'image se voie bien en tous ses détails.

Vernissez ensuite avec le vernis blanc, à l'esprit surfin, et laissez sécher.

Ce décalque est inaltérable ; mais il est à remarquer qu'il se produit à l'envers, et que, par conséquent, aucune écriture ne doit exister sur la gravure.

TIRAGE DES ÉPREUVES POSITIVES

PAR LE PROCÉDÉ DE

PLATINOTYPIE

Au lieu de tirer les épreuves positives sur les papiers à sels d'argent, on peut employer les papiers au platine.

Les épreuves, ainsi obtenues, ont l'apparence de la gravure, et elles sont inaltérables par la lumière solaire, et par les agents chimiques.

On peut tirer aussi des épreuves sur soie, satin, toile et nansouck (mousseline fine), préalablement sensibilisés par ce procédé.

Le papier au platine est environ trois fois plus sensible que le papier aux sels d'argent, mais l'humidité l'altère rapidement.

Pour sa conservation parfaite, il faut l'enfermer dans un tube spécial, contenant de l'amiante, saturée de chlorure de calcium desséché.

La couche sensible du papier au platine est jaune citron ; à la lumière, cette teinte change, et peut arriver jusqu'au gris foncé ; c'est par l'intensité de cette teinte que l'on juge de la venue de l'épreuve.

Tirage et Développement

Pour obtenir une épreuve au platine, on opère comme pour le papier aux sels d'argent.

On charge les châssis dans le laboratoire, et on expose à la lumière, jusqu'à ce que l'ombre qui formera l'image, apparaisse sur le papier.

Pour révéler l'image, on la passe, pendant deux ou trois secondes, dans une solution chaude, ayant 65 à 75 degrés environ, et composée comme suit :

Oxalate neutre de potasse   300 grammes.
Eau distillée............. 1.000   —

L'épreuve, ainsi obtenue, est ensuite trempée dans deux ou trois bains consécutifs d'eau acidulée d'acide chlorhydrique pur, dans les proportions de :

Eau distillée.......... 1.000 grammes.
Acide chlorhydrique ...   15   —

Ces derniers bains débarrassent l'épreuve du sel de platine et de fer non impressionné, et font ressortir les blancs de l'image.

Lavez ensuite l'épreuve, et laissez-la sécher.

Les bains d'acide chlorhydrique doivent être changés, lorsqu'ils se colorent ; quant au bain d'oxalate, il peut servir très-longtemps.

Produits et Accessoires

nécessaires pour le tirage du papier platinotypique

Papier sensibilisé, lisse, fort
  (66 sur 51) .... 2^f 25 la feuille
Nansouck sensibilisé .... 7 » les 40^{dmq} `
Toile   —   .... 7 » —
Satin   —   .... 10 » —
Soie   —   .... 10 » —
Cuvette en tôle émaillée, résistant aux acides, et allant sur le feu (22 sur 27)....... 3 50
Acide chlorhydrique......... 0 80 le kilo.
Oxalate neutre de potasse pur 3 » —
Tube, avec de l'amiante au chlorure de calcium, pour 1/4 de main.............. 2 75

Nous recommandons, pour le procédé de platinotypie, les produits et accessoires des maisons

Martin, 77, faubourg Saint-Denis. ⎫
Poulenc Frères, 92, rue Vieille- ⎬ Paris
  du-Temple.................... ⎭

RÉSIDUS

En photographie, où tout coûte cher, rien ne doit être perdu ; aussi chaque amateur doit-il avoir un tonneau, dans lequel il versera :

1° Les vieux bains d'argent, d'or, de développement, de renforcement, d'hyposulfite.

2° Vieux filtres, chiffons, papiers buvards et de soie, ayant servi à nettoyer les cuvettes et ustensiles.

3° La première eau de lavage des épreuves positives.

4° Les épreuves manquées, et les rognures de papier.

Tout cela, ensuite, se traite et se fond, afin d'obtenir des lingots d'or et d'argent, que l'on peut vendre, et qui viennent ainsi diminuer les frais de l'amateur photographe.

INSUCCÈS POSITIFS

Les insuccès positifs sont généralement produits par deux causes :

Emploi de mauvais papier sensibilisé, ou bain de virage en mauvais état.

Le mauvais papier sensibilisé donne :

1° Les épreuves faibles, rouges ou grisâtres, au lieu d'être noires ; l'image lente à s'impressionner ; le manque de demi-teintes ; épreuves rouges au sortir du châssis.

Quand le papier est peu salé, le bain d'argent trop faible, ou le papier conservé à l'humidité.

2° Des épreuves empâtées

Quand le papier est trop salé, et le bain d'argent trop fort.

Le bain de virage en mauvais état donne :

1° Un virage lent ou nul.

Quand il est trop chauffé en été, et pas assez chauffé en hiver ;
Quand le virage est trop ou pas assez poussé.

Quand le bain d'or est trop faible ;

Quand les feuilles sont trop lavées avant le virage ;

Quand la première eau de lavage n'est pas de l'eau de pluie ;

Quand des sels alcalins ou de l'hyposulfite de soude, se trouvent mêlés au bain d'or ;

Quand on fait le virage à proximité d'urinoirs, ou de cabinets d'aisance.

1° Un virage lent ou nul.

Les insuccès positifs comprennent encore :

1° Un virage inégal.

Provenant de ce que les épreuves ne sont pas constamment remuées et retournées dans le bain d'or.

2° Les épreuves se dévirent dans l'hyposulfite.

Quand les épreuves sont faites avec un cliché trop transparent, ou pas assez poussé au noir dans le châssis ;

Quand le bain d'or contient des acides ;

Quand le bain d'argent ou d'or a été trop faible ;

Quand l'épreuve est restée trop peu de temps dans le bain de virage.

7

3° Les taches d'un noir roussâtre.

Quand les épreuves ont été laissées trop longtemps, dans le châssis, exposées au soleil ;

Quand on touche aux épreuves dans le bain d'or, avec les doigts imprégnés d'hyposulfite ;

Quand on laisse les épreuves dans le châssis pendant la nuit.

4° Les épreuves dont les lignes ne sont pas nettes.

Quand le châssis ne presse pas uniformément l'épreuve ;

Quand le verre du châssis est à surface courbe, au lieu d'être plan ;

Quand on déplace l'épreuve, en examinant la venue de l'image.

5° Les épreuves jaunissent et s'effacent à la longue.

Quand les lavages sont insuffisants après le fixage, ou qu'on ne renouvelle pas assez souvent les eaux.

Nous terminons ce livre Iᵉʳ, en rappelant aux amateurs que la retouche des clichés négatifs, ainsi que celle des épreuves positives, est une bonne chose, à la condition qu'elle soit faite de manière à ne point altérer la ressemblance ; si l'amateur ne se sent pas assez habile pour faire une retouche profitable à l'épreuve, il aura avantage à s'abstenir.

FIN DU LIVRE PREMIER

LIVRE DEUXIÈME

Opérations à faire pour obtenir une épreuve négative au gélatino-bromure

Formules

—

PROCÉDÉ

AU

GÉLATINO-BROMURE

L'art de la photographie, qui est resté long-temps stationnaire, semble depuis quelques années faire de grands progrès, et l'on est arrivé aujourd'hui, la chimie aidant, à posséder les moyens les plus simples et les plus rapides, pour obtenir un cliché.

Est-ce à dire pour cela, que le dernier procédé trouvé est le meilleur? nous ne le pensons pas! et nous mettons fortement en garde nos lecteurs contre tout changement de méthode, qui n'apporterait aucun progrès dans les résultats obtenus.

Si nous avons d'abord détaillé minutieusement le procédé au collodion humide, c'est que nous considérons que pour obtenir un véritable cliché artistique, c'est encore le meilleur à employer ; malheureusement, son emploi est subordonné aux portraits, aux reproductions de gravures et aux vues qu'on peut prendre à proximité du laboratoire ; mais pour les vues et paysages faits en touriste, on est forcé d'avoir recours à un autre mode.

En ces dernières années, le procédé généralement adopté était celui des glaces sèches, et tout spécialement, les glaces sèches de M. Dorval, qui ont donné d'excellents résultats. Aujourd'hui, la nouvelle découverte des glaces au gélatino-bromure, dont le docteur Van Monckoven a été le propulseur, est venue s'ajouter aux progrès déjà réalisés par l'emploi des glaces sèches. Les glaces au gélatino-bromure s'emploient, non-seulement pour les vues de touriste, mais conviennent à n'importe quel genre de photographie : portraits, vues, paysages, reproductions, se tirent sans aucune préparation ; avec cet avantage, que le développement de l'image n'a pas besoin d'être immédiat, et que les produits employés ne tachent pas les doigts.

Le procédé au gélatino-bromure plait donc de préférence à tout autre procédé, et son emploi s'est bien vite généralisé, aussi bien chez le photographe de profession, que chez l'amateur.

Les appareils et ustensiles photographiques

employés pour le gélatino-bromure sont les mêmes que ceux détaillés pour le collodion humide ; il n'est besoin en plus, que d'une casserole émaillée à l'intérieur, d'une contenance de deux litres environ.

Les verres jaunes du laboratoire ne peuvent convenir aux plaques au gélatino-bromure, très-impressionnables à la lumière ; ils devront être remplacés par un verre rouge très-foncé (on prépare généralement ces verres avec du vernis à la chrysoïdine, qui donne une teinte rouge orangée).

Une des conditions essentielles pour le procédé au gélatino-bromure, est que le laboratoire, la chambre noire de l'objectif et les châssis, ne laissent filtrer aucune lumière. Le laboratoire devra être peint tout en noir, et les objets de couleur voyante — principalement le papier blanc — ne devront pas avoir place dans le laboratoire, lorsqu'on fera le développement de l'image.

L'impressionnabilité des glaces au gélatino-bromure étant très-rapide, le temps de pose doit être exactement calculé ; c'est là le point délicat du procédé, et comme une appréciation du photographe n'est pas toujours suffisante pour un procédé aussi rapide, nous allons expliquer comment on peut régler, avec certitude, le temps de pose nécessaire pour obtenir un bon cliché.

CALCUL DU TEMPS DE POSE

Première Opération photographique
pour obtenir un Cliché au Gélatino-Bromure

Pour obtenir le temps de pose avec le procédé au gélatino-bromure, il faut d'abord déterminer la puissance photogénique de l'objectif que l'on emploie.

Cette puissance photogénique, que nous appellerons A, s'obtient en divisant le foyer de l'objectif, pris en millimètres, par le diamètre du diaphragme employé ; puis, élevant le quotient obtenu au carré, et le divisant par 1200.

C'est l'unité de pose, nécessaire pour obtenir une grande vue panoramique, en plein soleil.

Le foyer d'un objectif double est la distance comprise entre le verre dépoli de la chambre noire et le diaphragme, distance prise après que l'objectif a été mis au point sur des objets éloignés ; pour un objectif simple, c'est la distance entre le verre dépoli de la chambre noire et la lentille.

Donc, en appelant a le foyer de l'objectif,

b le diamètre du diaphragme, et C le quotient obtenu en divisant a par b, on a la formule :

$$\frac{C \times C}{1200} = A,$$ qui représente l'unité de pose.

Vous n'aurez plus ensuite, pour opérer, qu'à consulter le tableau suivant, et à multiplier cette unité de pose par le coefficient indiqué dans une des colonnes, concernant le cas spécial dans lequel vous vous trouverez.

TABLEAU DU TEMPS DE POSE

D'après les Données de M. Dorval

	Soleil plein ou jour	Soleil matin et soir	Lumièr. diffuse plein du jour	Lumièr. diffuse matin et soir	Temps gris et sombre
Grande vue panoramique	1	2	2	4	6
Grande vue avec masses de verdure	2	4	4	8	12
Bois, Rivières ombragées, Grottes	10	20	25	40	60
Groupes et Portraits en plein air.	4	8	12	24	40
Groupes et Portraits sous un abri	8	16	24	48	80
Reproductions de gravures. Agrandissements phot.	6	12	12	24	50

Le plein jour se compte :

En été, de 9 heures du matin à 4 heures du soir.

En hiver, de 11 heures du matin à 2 heures du soir.

Exemple d'un Calcul de temps de Pose

On a mis au point des objets éloignés, avec un objectif ayant $0^m 240$ de foyer, et diaphragmé à $0^m 004$; d'après la formule donnée, on aura :

$$\frac{a}{b} = C, \text{ ou en chiffres } \frac{240}{4} = 60.$$

En élevant ce quotient au carré, et le divisant par 1200, nous aurons :

$$\frac{C \times C}{1200} = A, \text{ ou en chiffres } \frac{60 \times 60}{1200} = 3 \text{ secondes.}$$

Trois secondes représentent donc l'unité de pose, et en appliquant les coefficients du tableau, nous aurons comme temps de pose, pour grande vue panoramique faite :

En plein soleil............ $3' \times 1 = 6'$
En soleil du matin....... $3' \times 2 = 6'$
En pleine lumière diffuse. $3' \times 2 = 6'$
En lumière diffuse du soir $3' \times 4 = 12'$
En temps sombre .... $3' \times 6 = 18'$

S'il s'agissait d'un portrait à faire en plein air, au soleil plein du jour, nous aurions :

L'unité de temps de pose $3'$, multipliée par le coefficient $4 = 12'$ de pose.

Pour les vues d'intérieur, et portraits après décès, on partira de ce principe que « l'intensité de la lumière décroit en raison du carré de la distance ».

Donc, si on suppose l'objectif avec diaphragme, donnant pour unité de pose 3′, comme dans le cas précédent :

Pour reproduire une pièce ayant 4 mètres de profondeur, ou un sujet placé à cette distance, nous aurons, d'après les coefficients du tableau — Portraits sous un abri; lumière diffuse plein du jour = 24, et comme temps de pose correspondant, $3′ \times 24 = 72′$.

Si la pièce a 4 mètres de profondeur, ou que le sujet soit placé à cette distance, l'intensité lumineuse, décroissant en raison du carré de la distance, nous donnera pour temps de pose

$$4 \times 4, \text{ ou } 16 \text{ fois } 72′ = 1152′ \text{ ou } 19'12′.$$

PRODUITS A AVOIR

	CES PRODUITS SERVENT	Quantité à avoir	PRIX APPROXIMATIF
Acide oxalique	Pour développer l'image.	1 kil.	2f 50 le kil.
Potasse perlasse		1 kil.	2f le kil.
Acide sulfurique		1 lit.	2f 50 le lit.
Protosulfate de fer double		500 g	1f 25 le kil.
Bromure de potassium	Pour renforcer l'image.	10 g	60c le kil.
Bichlorure de mercure		10 g	60c le kil.
Ammoniaque liquide		1 lit.	2f 25 le lit.
Alun	Pour empêcher la dilatation de la couche gélatineuse.	1 kil.	0f 30 le kil.
Hyposulfite	Pour fixer l'image.	1 kil.	0f 60 le kil.

Les glaces toutes préparées au gélatino-bromure, se trouvent en vente chez un grand nombre de fabricants spécialistes, et de marchands de fournitures photographiques.

Les maisons recommandées par notre traité, sont aptes à fournir les glaces au gélatino-bromure des meilleures marques.

Ces glaces se vendent par douzaine, au prix moyen de :

3 fr. les 9/18, 5 fr. les 13/18 et 10 fr. les 18/24.

Elles doivent être conservées dans un endroit bien sec, et ne jamais être exposées à la lumière.

DÉVELOPPEMENT DE L'IMAGE

Pour faire le bain de développement :

PREMIER BAIN

Mettez dans une casserole, émaillée à l'intérieur :

N° 1   Acide oxalique........ 157 gr.

       Potasse perlasse..... 200 gr.

Placez sur le feu, et ajoutez 1,000 gr. eau de pluie, petit à petit, afin d'empêcher le liquide de déborder de la casserole.

Faites bouillir jusqu'à dissolution complète — laissez refroidir, et filtrez.

Ce bain se conserve indéfiniment en flacon.

DEUXIÈME BAIN

Le jour où vous voudrez développer un cliché, préparez un 2e bain composé de :

N° 2 Eau de pluie,	1,000 gr.	Environ		20 gr.
Protosulfate de fer double,	300 gr.	1/50 pour développer		6 gr.
Acide sulfurique,	3 gouttes	4 à 5 plaques		1 goutt.

On ne fait de ce bain, que la quantité dont on a besoin, car il ne se conserve pas plus d'un jour.

On reconnait, du reste, qu'il est bon, tant qu'il reste vert — il ne vaut plus rien, lorsqu'il devient jaune.

Deuxième Opération photographique
pour obtenir un Cliché au Gélatino-Bromure

Au moment de développer votre cliché, versez dans une éprouvette :

Bain nº 1 (à l'acide oxalique)...... 3/4

Bain nº 2 (au protosulfate de fer).. 1/4

En ayant soin de maintenir ce deuxième bain toujours un peu au-dessous du 1/3 du premier, afin d'éviter l'excès de fer, qui fait jaunir et trouble le bain.

Puis, versez le mélange dans une cuvette. Le laboratoire étant bien fermé, retirez la glace du châssis, et plongez la sans temps d'arrêt dans la cuvette contenant ce mélange.

L'image apparaîtra petit à petit, et d'une manière uniforme, si vous avez soin de bien remuer la cuvette ; les grandes lumières apparaîtront d'abord, et si la pose a été convenable, environ quinze secondes après, les demi-teintes se développeront à leur tour.

Si l'image vient brusquement, sans une différence marquée entre les grandes lumières et les demi-teintes, c'est qu'il y a trop de pose ; dans ce cas, retirez immédiatement la glace du bain développateur, et trempez-la dans une cuvette pleine d'eau ; puis, ajoutez au bain de développement un mélange de bromure de potassium à 10 0/0, et replongez la glace dans ce bain.

Si l'image vient trop lentement, c'est qu'il n'y a pas assez de pose ; dans ce cas, ajoutez un peu d'eau de pluie au mélange, pour activer le développement.

On reconnaît que l'image est à point, lorsque les demi-teintes sont bien imprimées sur le cliché, et plus couramment, lorsqu'en regardant l'envers du cliché, l'image apparaît par transparence, ce qui a lieu après 2 ou 3 minutes d'immersion dans le développateur ; retirez alors le cliché du bain, et lavez.

Ce bain de développement doit être renouvelé, sitôt qu'on s'aperçoit que le développement ne se fait plus aussi régulièrement qu'au commencement de son emploi ; généralement, ce bain peut servir à développer quatre à cinq clichés.

FIXAGE

Troisième Opération photographique
pour obtenir un Cliché au Gélatino-Bromure

Pour fixer un cliché au gélatino-bromure, il faut, après le lavage qui suit le développement, tremper le cliché dans une cuvette contenant un bain de :

Hyposulfite.......... 15 grammes.
Eau de pluie........ 100 —

Le cliché est fixé, lorsque l'image se voit par transparence sur l'envers de la glace, sans laisser trace de couche blanchâtre.

Si le cliché descendait beaucoup dans l'hyposulfite, c'est que le développement n'aurait pas été poussé assez longtemps.

L'opération du fixage ne nécessite pas l'obscurité, mais il est plus prudent de la faire dans le laboratoire fermé, la gélatine étant encore impressionnable à la lumière, après le développement.

Lorsque le cliché est bien fixé, le laver à nouveau, et le laisser tremper ensuite, pendant une heure, la face en dessous, dans une cuvette remplie d'eau de pluie.

BAIN D'ALUN

Quatrième Opération photographique
pour obtenir un Cliché au Gélatino-Bromure

Quand le cliché a passé une heure dans l'eau, la face étant en dessous, il faut le mettre, dans la même position, pendant un quart d'heure, dans un bain d'alun à 5 0/0.

L'alun éclaircit le cliché, en rend la gélatine imputrescible et enlève les raies, lignes et marques de toute espèce.

Puis, lavez le cliché à nouveau, et laissez sécher, la face gélatinée toujours en dessous.

Le bain d'alun doit être jeté, après les différents tirages faits dans la même journée.

RENFORCEMENT

Le renforcement ne doit jamais se faire avant que le cliché n'ait été fixé dans le bain d'hyposulfite de soude, et passé au bain d'alun.

**Cinquième Opération photographique (facultative)
pour obtenir un Cliché au Gélatino-Bromure**

Le cliché étant parfaitement sec, vous pouvez tirer une épreuve sur papier, pour voir son degré d'intensité.

Si l'image n'est pas assez venue, il vous est loisible de la renforcer.

Pour cela préparez un bain composé de :

Bichlorure de mercure.   2 grammes.

Eau de pluie 100   —

Mettez votre cliché dans ce bain de bichlorure de mercure ; au bout de quelques instants, vous le verrez blanchir, et l'image apparaîtra distinctement ; lorsque vous jugerez, par transparence, que le degré d'intensité de votre image est à point, retirez votre cliché, lavez-le bien, et laissez-le dans l'eau pendant une demi-heure ; puis, trempez-le dans le bain d'acide oxalique, qui vous a servi pour les développements.

Le cliché, de blanc qu'il était, ternira pour reprendre en peu de temps sa teinte primitive ; puis, lavez à nouveau, et laissez sécher.

Au lieu de mettre le cliché dans le bain d'acide oxalique, on peut le tremper dans un bain composé ainsi qu'il suit :

Ammoniaque liquide.   5 grammes.
Eau de pluie......... 150   —

Mais, avec ce procédé, l'ammoniaque détruit souvent le cliché, en le criblant d'une foule de trous visibles dans les ciels et les grands noirs.

Le bain au bichlorure de mercure peut servir plusieurs fois.

Le renforcement doit se faire en pleine lumière, de manière à pouvoir se rendre compte du degré d'intensité que l'on veut obtenir ; mais, nous conseillons d'éviter, autant que possible, le renforcement ; un bon cliché développé à point ne doit pas en avoir besoin.

Nota. — Le bi-chlorure de mercure étant un poison violent, éviter de s'en servir si l'on a des écorchures ou coupures aux mains.

VERNISSAGE

**Sixième Opération photographique
pour obtenir un Cliché au Gélatino-Bromure**

Le degré d'intensité du cliché étant obtenu, il est nécessaire de le vernir.

On emploie le même vernis que pour le vernissage des clichés au collodion humide ; seulement, on vernit à froid, et on chauffe ensuite le cliché, jusqu'à ce qu'il soit sec.

INSUCCÈS NÉGATIFS

Les insuccès au gélatino-bromure sont peu nombreux, mais très-caractéristiques :

1º Lorsqu'en développant, la gélatine se soulève sur les bords de la glace.

> 1º C'est que les glaces gélatinées ont été mal préparées par le fabricant.

2º Si après le développement, le cliché est trop faible.

> 2º C'est que le développement n'est pas suffisant.

3º Si après le développement, le cliché est trop noir.

> 3º C'est que le développement a été trop poussé.

4º Si le cliché est d'une teinte grise, ou est voilé.

> 4º C'est que la pose a été trop longue (*), ou que les glaces ont reçu l'action de la lumière solaire, soit dans les châssis, soit dans le laboratoire.

(*) Bien se rappeler, que généralement on a une tendance à *poser trop longtemps*.

5° Si le cliché est trop vigoureux, et sans détails dans les ombres.

5° C'est que la pose a été trop courte.

6° Si le cliché conserve une teinte jaunâtre.

6° C'est que les lavages sont insuffisants.

7° Si le cliché présente des traces poussiéreuses, rougeâtres.

7° C'est qu'il y a trop de fer dans le bain de développement.

Dans ce cas, lavez le cliché avec la solution d'oxalate (bain n° 1) et ajoutez un peu de cette solution dans le bain de développement, pour lui rendre sa limpidité.

RÉSUMÉ

DU PROCÉDÉ AU GÉLATINO-BROMURE

En résumé, les points fondamentaux du procédé consistent :

1° A ne percevoir dans le laboratoire qu'une lumière rouge très-foncée, pour mettre la glace dans le châssis et l'en sortir.

2° A exposer juste à la chambre noire.

3° A développer l'image à fond (sans addition de bromure ou d'eau), et cela en un temps égal, qui est environ de trois minutes.

4° A supprimer, autant que possible, tout renforcement.

5° A bien opérer les lavages, et à terminer par l'immersion de la glace dans le bain d'alun, pendant un quart d'heure.

PHOTOGRAPHIE INSTANTANÉE

L'objectif convenant à la photographie instantanée, est l'aplanétique rectilinéaire rapide qui, à la qualité de rapidité d'impression, joint le mérite de conserver aux lignes leur rectitude.

Cet objectif, muni d'un petit diaphragme (de 5 $^{m/m}$ environ de diamètre), donne une grande netteté, mais cette netteté n'est acquise qu'en raison inverse de la rapidité.

Or, l'instantanéité n'exigeant qu'une pose estimée au plus à 1/50e ou 1/100e de seconde, il en résulte, qu'il faut que la glace reçoive une très-grande impression lumineuse pendant ce court espace de temps, ce qui n'est pas possible avec l'emploi d'un petit diaphragme, sous peine de voir la netteté se concentrer au milieu de la glace, en se perdant sur les bords.

L'objectif pour instantanés doit donc couvrir un espace beaucoup plus grand que celui correspondant aux dimensions de l'image que l'on veut obtenir, et l'emploi de grands diaphragmes est une conséquence qui s'impose, si l'on veut que l'image vienne nettement sur toute la surface de la glace. Toutefois, l'instantanéité ne peut être obtenue qu'en plein soleil ou par une très-belle lumière, en se servant d'un obturateur pneumatique, dont l'emploi est indispensable.

Ceux adoptés généralement sont les obturateurs Guerry, Londe et Guilbert, dont nous avons parlé précédemment.

Le développement au sulfate de fer convient peu à la photographie instantanée, et est avantageusement remplacé par le développement à l'acide pyrogallique.

Pour ce développement, on emploie un bain composé de :

Eau de pluie........ 1,000 gr.
Carbonate de soude... 30 gr. (3 fr. 50 le kil.)
Carbonate de potasse. 30 gr. (7 à 8 fr. le kil.)
Sulfate de soude...... 30 gr. (2 fr. 50 le kil.)

mettez dans une cuvette 60 à 80 gr. de ce bain, et immergez la glace pendant une minute environ, en agitant la cuvette, de manière que la glace soit bien humectée.

Puis, mettez ce bain dans un verre, et ajoutez-y environ 40 centigrammes d'acide pyrogallique (4 à 5 fr. les 100 gr.). Remuez jusqu'à ce que l'acide soit entièrement dissous, et versez à nouveau dans la cuvette ; l'image apparaîtra au bout de peu de temps.

Si l'image vient trop vite, ajoutez un peu de bromure de potassium, à 10 %, comme pour le bain au sulfate de fer; si, au contraire, l'image est trop lente à venir, ajoutez un peu d'acide pyrogallique, en procédant comme il a été dit ci-dessus.

FIN DU LIVRE DEUXIÈME

LIVRE TROISIÈME

—

PAPIER SENSIBILISÉ

AU FERRO-PRUSSIATE

POUR REPRODUCTION DE DESSINS

SUR FONDS BLEUS ET BLANCS

———

Si les ingénieurs, architectes et constructeurs ont besoin de la photographie pour
pouvoir reproduire à tous instants l'état des
travaux qu'ils dirigent, il leur est nécessaire,
comme complément expéditif, de pouvoir
aussi reproduire à un certain nombre d'exem-
plaires, les dessins d'ensemble et de détails,
dont ils peuvent avoir besoin pour ces travaux.

Le papier au ferro-prussiate répond à ces
besoins, et permet facilement les reproduc-

tions exactes des dessins faits sur papier calque ou sur toile; il permet aussi la reproduction minutieuse des dentelles, bois découpés, et, en général, de tous les objets ayant des alternatives de parties pleines et évidées.

Quand on fait un dessin destiné à être reproduit au moyen du papier au ferro-prussiate, il faut choisir du papier calque ou de la toile bien pure, bien transparente, et n'ayant pas la teinte jaunâtre de certains papiers; la toile est, par ce fait, préférable au papier calque.

On dessine avec de l'encre de Chine bien noire, que l'on mélange d'une liqueur anti-photogénique, afin d'amoindrir l'action de la lumière.

Cette liqueur se vend toute préparée; on peut la faire soi-même avec de la gomme-gutte, de la couleur d'aniline, ou de la chrysoïdine.

Les traits du dessin devront être bien accentués, afin d'obtenir une reproduction bien nette.

Reproduction d'un Dessin en traits blancs
sur fond bleu

Pour reproduire un dessin en traits blancs sur fond bleu, on se sert de châssis semblables à ceux qui servent en photographie, pour le tirage des épreuves sur papier ; mais, bien entendu, de dimensions proportionnées aux dessins que l'on veut reproduire.

Le châssis étant ouvert, on retire la planchette et le coussin de feutre, et l'on met le dessin fait sur papier calque ou sur toile, contre la glace, de manière que le sens positif du dessin appuie sur cette glace ; puis, on applique la partie sensibilisée d'une feuille de papier au ferro-prussiate, contre la face encrée du dessin ; on remet par-dessus le coussin-feutre, puis la planchette ; on ferme le châssis, et on l'expose au grand jour, ou de préférence au soleil.

La feuille de papier au ferro-prussiate doit être plus grande que le dessin, afin de pouvoir suivre, sans ouvrir le châssis, la coloration de ce papier, sous l'action de la lumière, dans les parties non recouvertes.

Le papier au ferro-prussiate, exposé à la lumière, prend successivement les teintes jaune-verdàtre, vert-bleuàtre, bleu gris foncé, gris clair, et, enfin, olive à reflets métalliques ; c'est à ce point qu'il faut arrêter l'exposition à la lumière, pour avoir un beau fond bleu, après le lavage.

Du reste, pour plus de sécurité, lorsqu'à travers la glace, on apercevra le papier ayant la teinte olive, en faire la vérification, en ouvrant un côté du châssis, pour s'assurer que le bleu-gris clair est bien dépassé.

Donc, lorsque l'on est bien certain que la feuille de papier au ferro-prussiate a pris la teinte olive, on la retire du châssis, en ayant soin de faire cette opération à l'abri du grand jour ; on plonge l'épreuve dans un grand baquet d'eau pure, et, en agitant ce baquet, on voit l'image se dégager, au fur et à mesure que l'eau se colore en jaune ; on change l'eau, et on arrête les lavages, dès qu'on a la netteté du dessin et le ton voulu.

Si l'on prolongeait les lavages, on diminuerait l'intensité de la couleur bleue.

En employant, de préférence, l'eau chaude à 35°, au lieu d'eau froide, on accélère le dégorgement du papier, et on le rend plus complet.

Lorsque les lavages sont terminés, on sèche l'épreuve, en la suspendant avec des épingles en bois à une corde tendue ; mais avant de suspendre le papier, il est bon de l'éponger avec une feuille de buvard.

Reproduction d'un Dessin en traits bleus
sur fond blanc

———

Pour reproduire un dessin en traits bleus sur fond blanc, il faut d'abord faire une épreuve négative en traits blancs sur fond bleu.

Pour cela, après avoir ouvert le châssis, retirez la planchette et le coussin-feutre ; appliquez votre dessin contre la glace, de manière que le côté encré repose sur cette glace (c'est le contraire de ce qui a été dit pour le tirage de l'épreuve ordinaire), puis, par-dessus le dessin, mettez une feuille de papier au ferro-prussiate ; replacez le coussin et la planchette, et fermez le châssis.

Exposez à la lumière ; mais comme la venue de l'épreuve est difficile à vérifier, ayez un petit châssis renfermant, dans les conditions du grand châssis, un dessin de même nature que celui à reproduire, et recouvert de papier au ferro-prussiate. Exposez ce petit châssis en même temps que le grand, et de temps en temps, déchirez un petit morceau de papier au ferro-prussiate, exposé dans le petit châssis ; lavez-le, et vous aurez ainsi un bon guide pour vous rendre compte promptement du point où en est l'épreuve, et du ton qu'elle a pris.

L'épreuve négative doit être exposée à la lumière 3 ou 4 fois plus de temps que l'épreuve positive ; cette épreuye négative, pour être à point, doit avoir une couleur bleu foncé, vue par transparence, et une couleur bleu ardoise, vue par réflexion.

L'épreuve étant à point, lavez-la dans un baquet placé à l'abri du grand jour, en renouvelant l'eau plusieurs fois, comme il a été dit précédemment ; vous obtiendrez ainsi une épreuve négative à fond bleu, et dont les traits seront blancs.

Pour obtenir l'épreuve positive en traits bleus, à fond blanc, placez l'épreuve négative bleue dans le châssis, de manière que le côté non encré touche la glace, mettez sur le côté encré une feuille de papier au ferro-prussiate, ce double renversement rétablira les choses dans leur état normal ; puis, exposez à la lumière, lavez et séchez.

Il est essentiel d'arrêter le tirage bien à temps, pour éviter les fonds blancs nuageux et sales.

Généralement, ces reproductions de dessins, devant avoir un certain usage, sont collés sur toile ; la colle employée est de la colle de pâte bien claire, qui doit être fraîchement faite, non acide par fermentation, et ne renfermant pas d'alun, comme cela arrive souvent dans la colle de pâte du commerce; c'est-à-dire qu'il est bon de la faire soi-même.

Le papier au ferro-prussiate se vend dans toutes les maisons de fournitures pour photographie; la feuille coûte généralement 0 fr. 50 cent.

Nous recommandons spécialement la maison Marion fils et Géry, 14, cité Bergère, à Paris, qui fabrique ce papier.

Nous ferons remarquer que le papier au ferro-prussiate, employé pour reproductions de dessins sur fond bleu, n'est pas le même que celui employé pour reproductions sur fond blanc; il sera donc bon, en faisant commande, d'indiquer l'emploi spécial que l'on veut faire du papier au ferro-prussiate demandé.

NOUVEAUTÉS PHOTOGRAPHIQUES

CARTONS PELLICULAIRES
Pour Photographie instantanée
Chez M. Thiébaut, 7, rue Solferino, Paris

DÉVELOPPEMENT AUTOMATIQUE
Des Clichés au Gélatino-Bromure
Une brochure : 5 fr.
Chez M. Cassan, photographe à Toulouse

PHOTOMÈTRE PHOTOGRAPHIQUE
Indiquant exactement le Temps de Pose
Chez M. Martin, 77, faubourg St-Denis, Paris

LE STÉNOPÉ-PHOTOGRAPHE
Appareil photographique, sans Objectif
Chez MM. Dehors et Deslandres
8, rue des Haudriettes, Paris

LE KINÉGRAPHE
Appareil photographique sans pieds, pour Touristes
Chez M. Français, 3, rue du Chàlet, Paris

L'AUTOCOPISTE
Pour Reports de Musique, Gravure et Photographie
Chez M. Raymond, 107, boulevard Sébastopol, Paris

En écrivant ce Traité pratique de photographie, nous avons tenu à lui conserver un caractère méthodique et classique, propre à convenir à la jeunesse des écoles.

Nous n'avons donc pu nous étendre sur la nomenclature des appareils et procédés nouveaux, qui se produisent de jour en jour, et qui constituent **la Photographie mécanique.**

Cette nomenclature pouvant particulièrement être utile aux ingénieurs, architectes et constructeurs, nous conseillons à nos lecteurs de demander les catalogues complets et illustrés des maisons de fournitures générales pour photographie, que nous avons recommandées.

Ces catalogues, envoyés gratuitement, les tiendront au courant de toutes les créations nouvelles, parmi lesquelles chacun pourra faire un choix approprié à ses besoins, pour venir en application aux manipulations pratiques et fondamentales, détaillées dans notre traité.

PUBLICATIONS PÉRIODIQUES

DE PHOTOGRAPHIE

Nous pensons être agréable à nos lecteurs, en leur indiquant les principales publications périodiques, traitant de tous les progrès qui se réalisent en photographie.

LE PROGRÈS PHOTOGRAPHIQUE
(Publication mensuelle)
Directeur, Rédacteur en Chef : M. Léon WULFF
22, passage des Petites-Ecuries, Paris
Prix pour un an : France, 6 fr.; Etranger, 7 fr.

JOURNAL DE L'INDUSTRIE PHOTOGRAPHIQUE
(Publication mensuelle)
Organe de la Chambre syndicale de Photographie
Chez M. GAUTHIER-VILLARS, éditeur
55, quai des Grands-Augustins, Paris
Prix pour un an : France et Etranger, 7 fr.

BULLETIN de la SOCIÉTÉ FRANÇAISE de PHOTOGRAPHIE
(Publication mensuelle)
Au Siège de la Société, 20, rue Louis-le-Grand
Paris
Prix pour un an : France, 12 fr. ; Etranger, 15 fr.

LE MONITEUR DE LA PHOTOGRAPHIE
(Paraissant le 1er et le 10 de chaque mois)
Par M. Léon VIDAL, 13, quai Voltaire, Paris
Prix pour un an :
Paris, 16 fr.; Départements, 18 fr.; Etranger, 22 fr.

FIN DU LIVRE TROISIÈME

TABLE GÉNÉRALE

DES MATIÈRES

LIVRE TROISIÈME

FIN DE LA TABLE GÉNÉRALE DES MATIÈRES

LE TRAITÉ PRATIQUE DE PHOTOGRAPHIE

S'ADRESSE SPÉCIALEMENT

AUX ÉCOLES :

Comme complément obligatoire des cours de dessin
mathématique ou industriel
et comme livre classique utile et instructif

AUX AMATEURS :

Comme distraction
et donnant au touriste les notions nécessaires
pour prendre des vues en voyage

AUX INGÉNIEURS :

Comme étude des procédés les plus expéditifs
leur permettant de se rendre un compte exact des travaux
faits à distance
quand ils ne peuvent les surveiller

AUX ARCHITECTES & CONSTRUCTEURS :

Pour apprendre et faciliter
Les moyens de reproduction et de multiplication
à bon marché
des plans et dessins

IL S'ADRESSE AUSSI

AUX FABRICANTS & NÉGOCIANTS :

La photographie leur devenant indispensable
pour pouvoir reproduire eux-mêmes
leurs modèles et échantillons
ainsi que pour l'illustration de leurs catalogues et prix-
courants